中公文庫

味

天皇の料理番が語る昭和

秋山徳蔵

中央公論新社

序　著者へ贈る

吉川英治

この書の著者、秋山徳蔵といふ人は、いつも土から掘りたての〝新ジヤガ〟みたいな顔いろをして、料理といふ自分の仕事と、人間としての生命を愉しむことに、いつもピチピチと活きのいゝ語調と感覚をもつて、およそこの世に倦むことを知らずに暮している老童子である。

故菊池寛氏も、秋山君の人がらを、珍重してゐた一人であつた。ぼくと秋山君とは、もう二十余年前からの知りあひで、赤坂では家も隣り近所といふ仲だつた。秋山君の愛すべき好人物的な雰囲気を加へると、彼の人のよさに乗じて、菊池もぼくも、よく彼をからかつたり励ましたり、まるでオモチヤにでもするやうな友愛の示し方をしたものだつた。

けれどその心の裡《うら》では、秋山君の清潔な人品と、彼の奉ずる仕事への生涯の打込み方に、二人とも無言の敬意をもつてゐたのである。もし今日、菊池寛が生きてゐたら、この書の序文へ菊池氏もすゝんで何か一筆したであらうと思ふ。

だが、だいたい、味覚とか料理の随筆などに、小うるさい序文なんて、要らないものぢやないか、と僕は言つたのだが、人のよい秋山君は、たぶんこの書を出す出版社からおだてられてでもゐるとみえて、いやどうしても序文が要る、序文を書けといふのである。

そこで、いつもはそんな事まで求めない僕なのだが、秋山君が何を書いたやらと多少心配にもなつて、全部の校正ゲラ（下刷り原稿）を取寄せて見た。そしてあらまし読んでみて、じつは一驚を覚えたのである。懸値なく、これはおもしろい。のみならず、近代の西洋料理史の側面もわかる。食味に関する逸話、宮廷料理の種々《くさぐさ》、海外版の料理士修業談など、君ならでは持たない、いはば秘録といつてよい。食味の本では近来、小島政二郎氏の「食ひしん坊」など洛陽の紙価を高からしめたが、あれは喰べ歩きの方の世迷ひ言、これは生涯をかけて人間の食味に献身した人間の繰り言。どつちにも、どつちといへない味があらうといふものである。かういふ著書もたしかに有つていいはずだ。

——序文、書いといてくれましたかね、と今、秋山君から電話があつた。これを書いてゐる所へのさいそくである。やがてすぐ自分でやつて来るであらう。そしたら僕は彼の顔を見るやいきなり「ばかだなあ、君は」と言つてやらうと思つてゐる。そして「こんな本なら、なぜもつと早く書いて出さないんだ。これなら何もはにかんだり、へんに頭を搔いたりしてる事ないぢやないか。文藝春秋新社でも何処の出版部へでも紹介してやつたのにさ。ばかだナ、君は」となほ散々に言つてやらう。すると秋山君は、新ジヤガ色の血色を、もつと赤くして、その顔から、つるりとした頭を撫で上げながら、きつと、かう言つて又、はしやぎ出すにちがひない。

「や、さうかい。いや、さうだらう。出すからにやあ、ぼくにだつて、じつは、ちツたあ自信があつたのさ。装幀だつて、自分で描いたほどだからね。なに、絵だつて料理だつて、おんなじことさ。もしこの本が売れたら、お宅の台所をかりて、ぼくがまた、自慢のオムレツでも作つて、御馳走するかな」

こゝまで書いてゐると、今、当人がやつて来た。そして僕の机辺に数枚の自作の絵を無邪気にならべ出した。ヱビの図、鴨に流水、枇杷などの絵である。正直この余技も、彼の人間そのもののやうに清純でしかも気品がある。大正、昭和の二代にわたる宮廷の厨房にこんな清々しい人物がゐたのは、皇室にとつても、せめてもなお倖せの一つであつたといつて、さしつかへあるまい。

目次

味

天皇の料理番が語る昭和

黄金の箸と黄金の皿

黄金の箸と黄金の皿

天皇陛下は、黄金《きん》のお箸でお食事を召しあがる——とは、広くいい伝えられた話であった。ひょっとすると、今でもそう信じている人がいるかも知れない。

ここにあらためて説明するまでもなく、雲の上にいらっしゃった時代から、いまにいたるまで、一般国民と変りのないごく普通のお食事を、ごく普通の柳の箸で召しあがっておられるのである。

だが、いわゆる宮廷料理ということになると、話は別になる。祝賀、儀式、外国貴賓の来訪などに際して催される賜宴、饗宴の料理というものは、何といっても宮廷でなければ味わえぬ豪華な雰囲気と、味覚の極致を盛ったものである。

黄金の箸といえば、私にとっては一生に幾度とない深い感銘をうけた思い出がある。

私が二度目にヨーロッパにいったのは大正九年。パリで視察や研究をしていたが、翌十年に皇太子殿下（今上陛下）の御外遊があり、私もロンドンでお供に加わった。もっとも、英国御滞在中は王室及び政府の賓客として、バッキンガム宮殿やラッシェルス子爵所有のチェスターフィールド・ハウスなどにお泊りだったので、私は御用を勤めなくてよかった。しかし、ロンドン御到着の日（五月九日）にバッキンガム宮殿で催される公式晩餐が、英国宮廷料理の粋を尽した大変なものであろうということは、前々から聞いていた。

これを見なくては商売冥利に尽きる。職責にかかわることである。それで、駐英大使の林権助さんに、当日はぜひ宮殿内で拝観できるよう、手続きを頼んでおいた。

ところが、むこうの外務省から、いっこうに許可がおりない。御到着の日は刻々に迫ってくる。気が気でない。大使館に日参して催促するのだが、もう少し待ってみてくれとか、明日まで様子を見よう、といった調子で、らちが明かない。話に聞くと、イギリスの宮殿のしきたりというものは非常に厳重なもので、とても日本の比ではないという。

じりじりしているうちに、当日がやってきた。日本の皇室の主厨長がこれを見逃したとなれば、いったい何のために、ヨーロッパくんだりまでやってきたというのだ。私は、カンカンになって、大使館へ駈けつけた。

丁度林大使は、大礼服を着て出かけようとしている。

「林さん、あれだけ頼んどいたのに、どうしてくれるんです」

林さんは、弱ったなアといった顔で、

「だって君、むこうから許可がこないんだから、どうにも仕方がないよ——」

「私は、これは見なけりゃ日本へは帰れませんよ。もういいです」

そのまま飛び出した私は、自動車をやとうとバッキンガム宮殿へと命じた。そして強引に裏門へ着けさせて、名刺を出した。

「日本の皇室の主厨長だ、こちらのチーフに会いたい」

ところが、どうだ。

「よくきた、さあ、はいってくれ」

と、簡単に入れてくれるではないか。

そして、料理から配膳まで逐一見学することができた。

もちろん料理も豪勢なものであったが、その食器にはさすがに驚いた。皿も、ナイフも、フォークも、スプーンも、何から何まで金無垢なのである。ふだんはウィンザー宮殿にしまってあるのを、特別列車で運んできたものだという。皿など二十枚も重ねると、持てないほどの重さである。あとで宴会場を見せてもらったが、テーブルの数ヵ所においてある花台——高さ数尺、中心からいくつも枝が出ていて、その上に盛花をおく——は何十貫もある金無垢で、テーブルの下にはその重みを支えるため、頑丈な木の台がおいてあった。

食器は、一ぺん使うと疵がつくので、磨いて、金無垢の上に金メッキをかけるのだそうで、これを使う宴会というものは、もとより最上級の特別の賓客に限るのである。

大した御待遇だなアと感激していると、チーフが手招きをする。何事かとついてゆくと、配膳室と宴会場との間の壁に小さな覗き窓がつくってある。それを開けて、「見なさい」という。金色に輝くような広間である。百名あまりのお客様のまん中、正面のメインテーブルに、メリー皇后を中心に、皇帝ジョージ五世とわが皇太子が並んでおられる。それから、英皇太子プリンス・オヴ・ウェールズ、閑院宮さんなどのお顔が見える。そのほか日本人は珍田供奉長、奈良武官長、入江侍従長、林大使など七、八人に過ぎない。

ところが、そのまっただ中で、殿下の御態度の何という立派さ。まだ二十才のお若さなのに少しも臆されることなく、堂々としてあたりを払うような威厳を持っていらっしゃるのだ。私は強く胸を打たれた。思わず涙が溢れてきた。

御年配で、海外生活も永い閑院宮さんの方が、何となくオズオズしておられるのにひきくらべて、何というえらい方であろうと、しんそこから頭が下がった。

自来、おそばにお仕えして三十数年、その思いは少しも変っていない。

バッキンガム宮殿の饗宴

そのチーフはフランス人で、それ以来すっかり仲良しになってしまった。翌る日は、プリンス・オヴ・ウェールズの御案内でウィンザー宮へいらっしゃるのに、われわれもお供したが、時刻より前に自動車で駅へ連れていって、お召列車を見せてくれたり、むこうへ着いてからも宮殿内を案内したり、いろいろ親切にしてくれた。

日本では料理人というと、あまり尊敬されない職業であったが、むこうでは、料理学会の会長は皇后陛下であるくらいで、殊に皇室の主厨長ともなれば大した羽振りである。

何でも、日本の勲五等に当るものをもらっているとかいうことであった。

給仕がまた大変なものである。ふだんは百貨店の経営者とか、煙草屋の主人とか、そういう人達が宮内省の嘱託になって、年にほんのわずかな手当を、名誉にもらっているのだ。その人達が、正式な大宴会となると呼び出されて、給仕を勤めるのだが、いずれも六尺豊かのスラリとした体軀である。そして、中年の渋味のきいた美男子揃いである。白粉で染めたかつらをかぶり、金色燦然たる服を着ているのだから、実に堂々たるものだ。

それが、金の大皿を持って、粛々とした見事な挙措進退でサーヴィスするさまは、さながら一幅の絵を見ている心持であった。

料理そのものについていえば、日本の宮廷料理はむこうにひけを取らぬ自信があるのだが、あのボーイだけには、完全にシャッポを脱がざるを得ない。

ところで、私がもう一つそのチーフを徳としていることは、七、八十年来のバッキンガム宮殿に於ける主な宴会の献立を、残らず写させてくれたことである。これは全く門外不出の文献で、よくもまあ気前よく写させてくれたものだと、今でも不思議に思えるほどである。立派に製本して、大切に保存している。

この人は今なお健在で、やはり英国皇室のチーフを勤めている。

ついでだが、日本の宮廷に主厨長というのができたのは、大正三年のことである。それまでは、大膳頭の下に厨司というものがいて、身分も低く、その長というものもなかった。

ところが、大正天皇の御大礼も近づくし、外国使臣の接待などの時、本格的な洋食をつくらなければ国際儀礼上恥ずかしいというので、当時パリで勤めていた私が呼びもどされ、主厨長という官制がつくられて、その役についたわけである。

その後現在まで満四十一年、いまでもやっぱり主厨長である。日本の役所で、四十年間初めからおしまいまで同じところの「長」であるのは、恐らく私一人であろう。これが私の自慢でもある。

小坊主からコックへ

私がこの道にはいった動機は、まことに他愛のない、少年らしい憧憬からである。

いや、他愛のないというのは、その当時の心理だけについていい得ることで、幼少時の環境や、ちょっとした体験が動機となって、人の一生が左右されることを思うと、少年の夢というものは、全くあだやおろそかにはできないものだ。

大体私は、小さいときから、ものにあこがれると我慢ができなくなる性分であった。福井県の武生の料理屋の二男坊に生まれたが、十才のとき、学校友達が禅寺の小坊主になっているのを見て、自分もなりたくて堪らず、無理をいってお寺にはいった。

町外れの山の麓から八丁の山道を登った奥にある山寺で、座禅をしたり、お経を習ったり、托鉢についていったり、一通りの修業はしたが、何しろひどいいたずら坊主であった。

何か食べたくなればおさいせんを二銭か三銭持ち出して、町へ菓子買いにゆく。麓から山門まで八十八体の地蔵様がござって、信心深いおばあさんなんぞが、その一つ一つにお線香と金米糖を二粒ぐらいずつお供えして、拝み拝み登ってくる。遥か山門の所からその姿を見つけると、それっというので仲間の小坊主たちと裏道を駈け下り、見えかくれについていって、片っ端から取ってしまう。二三人でやっても、掌一杯の収穫があったものだ。

それまではまだよかったが、だんだんいたずらが嵩じて、和尚さんの一番嫌がることをやってみたくなった。

本堂の裏の崖っぷちに、開祖以来代々のお上人さまの墓が並んでいる。坊主墓というのはどうしたわけか、らっきょうを逆さに立てたような形をしている。みるからに揺すぶってみたくなる恰好だ。その誘惑にはどうしてもうち勝てない。人気ないときを見計らって、ガタガタやってみる。

初めは重くて少ししか動かないが、反動を利用して押しているうちに、とうとう台座から外れて崖の下へ転がり落ちた。下には竹藪がある。そのど真ん中へ落ちるので、カラカラカラと壮快無比な音を立てるのだ。いよいよ面白くなって、次から次と落して喜んでいるうちに、とうとう十代あまりのお上人様を谷底へつき落してしまった。

これには和尚さんも堪忍袋の緒を切ったらしい。ついに寺を断られてしまった。

そうした次第で、幸か不幸か、一年あまりで娑婆へ戻ったわけだが、私にとって大変いい修業になった。

先輩の中僧、小僧にはいじめられるし、食事はお粥や味噌汁ばかりで、魚一つ食えない。脚のつっぱる座禅も苦しかったが、お経やお習字のけいこはもっと辛かった。

夜は和尚さんと一緒に寝るのだが、むこうの室で毎晩女を引張り込む坊主のいることもチャンと知っていた。それもいい勉強になった。

家へ帰ってからも、いたずらはちっとも止まなかった。

或るときは、野糞を垂れている乞食の睾丸がぶらぶらしているのを見ると、突ッついてみたくて堪らず、竹の棒でえいっと突ッつくと、それがまたモロに当ったので、乞食はわァと叫んでのけぞった。そして、ひったばかりの糞の上に尻餅をついた。

素早く逃げ出した私の後から、わアわア喚きながら追っかけてくる。家へ逃げ込んで、小さくなっていると、表で「これじゃ商売にも出られない」とか何とか喚いて、おやじに強談判している。

さすがの私も怖くなって、一週間ばかり親類の家に泊って、うちへ帰らなかった。

そんなことはどうでもいいが、私の憧憬癖の二度目の現れは、高等一年（今の小学五年）のときだった。

大阪の伯母がきて、大阪の話を聞かせてくれた。さあ、ゆきたくて堪らない。親達に頼んでみたが、頭から問題にされない。とうとう、家出を決行した。ところが、武生の次の駅の鯖波というところで捕まってしまった。

しかし、数日後にまた逃げ出した。今度は知恵を働かして、反対の方向の鯖江という駅まで乗って、そこから逆に大阪ゆきの切符を買って、うまく撒いてしまった。そして、無事に大阪へいった。

米相場の話を聞いて、それがやりたくて、米屋になるつもりでいたが、一カ月ぐらいしたらおやじがやってきて、連れもどされてしまった。

しばらくは、おとなしく学校へ通っていたが、だんだん家業の料理に興味を覚えるようになってきた。

手伝いなんてしおらしいことはしないが、魚を引張り出して、ぶった切ってみたりするのが面白くて、叱られても叱られても、そういういたずらをしていた。

その頃、鯖江にあった三十六連隊の将校集会所の賄を私の家がやっていたので、奉公人に連れられて、ときどき連隊にいった。

或る年の陸軍記念日だった。食堂を覗いてみると、見たこともない料理が並んでいる。おいしそうな匂いがぷんぷんしている。美しい花のような飾りをつけたお菓子もある。

その料理をつくっているのは一人の兵隊さんなのだ。これは何というものだときくと、西洋料理だという。西洋料理というものは、きれいなものだなア、いい匂いのするものだなア——それが私の心に灼きついてしまった。

あんなものをつくるんだから、えらいんだなア——私はその兵隊さんの顔を見上げながら、忙しそうに動き廻る後から後から、ついて歩いた。ところが、その兵隊さんがまた優しい人で、うるさがりもせずに、何かと話しかけてくれるのである。もう、一ぺんで、その兵隊さんに心酔してしまった。

それからというものは、何かと口実をつけては、連隊に会いにいった。

炊事場にゆくと、大きな前掛をかけて働いている。

「小父さん」

とそばへよってゆくと、

「おウきたか」

と、笑顔を見せて、

「もうちょっとしたら手が空くから、将校集会所の炊事場で待っといで」

なんていってくれる。

炊事場の堅い腰掛の上で、待ち遠しくて堪らなくなる頃、ニコニコしながらやってきて、逞しい手で肩をポンと叩いてくれる。そして、煙草に火をつけて、

「今日は何の話だい？」

「西洋料理の話……」

「坊のはしょっちう西洋料理だなア。こないだは何の話したっけ？」

といった具合で、話が始まる。

東京の人形町という町の、西洋料理店に勤めていたときの話なのである。

鉄の平たい鍋の中でジューッと音を立てるステーキ、牛乳で作る白いソースや、トマトという〝果物〟で作る赤いソース、緑色に透きとおったゼリーというお菓子——すべてが、夢の世界であった。素晴らしい匂いと、きれいな色のまぼろしが、私のまわりをフワリフワリと雲のように取り巻くのであった。

こうして私は、三日にあげず連隊にゆき、その兵隊さんにまつわりついていた。忙しいからだだったろうに、いやな顔ひとつしないで——と、今でも壊しさに堪えぬ思いがするが、これが、私の憧憬癖の三度目の現れであった。

そして、三度目の正直、私の一生歩いてきた道は、これによって決まったのであった。

コック修業今昔談

明治三十七年、私が十六の年に、宿望がかなって、東京へ西洋料理の修業に出ることができた。最初に華族会館で三年間見習いをして、それから築地の精養軒につとめた。

どの道でもそうだが、料理の修業も、昔は今と違って、激しいものであった。

野菜の剝き物でもしているとする。通りかかった先輩が、手許をジロッと見る。下を向いていてもカンでわかる。と、案の定、矢庭にガンと頭をなぐられる。それでも、黙って剝きつづける。今度は脚をいやというほど蹴飛ばされる。ヨロヨロッと倒れそうになりながらも、左手の野菜も、右手の庖丁もしっかり握って放さない。すると、

「馬鹿野郎ッ。こうやるんだ」

と、手を取って教えてくれる。そこで、

「有難うございます」

と丁寧にお辞儀をするのである。

煮物をしている。とたんに、ガンと食らわされる。よろけながらも、鍋にしがみついていると、そういうやり方で何ができるか、こうこうするんだ――と教えてくれる。鍋にしがみつきながら、

「有難うございます」

である。

まことに、乱暴と言えば乱暴、だが禅味たっぷりな教育方法である。つまり、自力で悟れというのである。教えてもらうというのでなく、先輩の持っているものを引張り出せというゆき方である。

これが辛かったかというと、ちっとも辛くなかった。習いたい、覚えたい、上手になりたいという気持ばかりが先に立っていた。金銭や出世を目標にしていないので、そういう仕打ちに対しても、いっこう腹が立たないのである。まあ、いわば、人間が相手でなく、技術だけが相手だったのであった。技術に対して、頭を下げていたわけであった。

今の若い人達は、まるっきり様子が違っている。

ひッ叩くどころか、それはやり方が違うよ——と注意したぐらいで、プンと向うへいってしまう者もいる。

そんなのは極端な例だが、いったいに、仕事を向上させたいという熱意より、その仕事で収入を得るという意識の方が遥かに強いから、どうしても、腕そのものはお留守にならざるを得ない。

だが、それは一面やむを得ないことで、戦さに敗けた日本人の暮しというものは、その頃とは比較にならないほど、きびしいものである。食って、生きてゆくことが、まずもっての問題である。

たとえば、鳥屋のことだが、近頃合鴨《あいがも》（あひる）を専門にやる店がほとんどなくなった。合鴨は、毛を引くのに素引きをしなければならない。鶏でも、湯引きをすると皮が固くなるので、洋食用は絶対に素引きであるべきなのだが、これは湯引きの何倍もの手間がかかるので、鳥屋としては算盤の上で面白くない。ましてや、合鴨の毛を引くのは、これを十羽やる時間に鶏なら百羽はやれるので、昔と違って人件費の高くなった今日では、とても商売になってゆかないのである。

一事が万事、経済がまず第一という世の中になった。それに、基本的人権というものが尊重されるようになった。だから、私達の修業時代と様子が違ってきたのは、一応あたりまえのことだと思う。

要するに、時代が変ったのだ。食べものを作る技術もレベルが落ちてきたし、食べる方の味覚のレベルも、仲良く低くなってきている。

だが、こういう時代を通って、また何か新しいものが生まれてくるのではないだろうか。料理の味というものは、万代不易こうなくてはならぬというものではない。これも一つの芸術であるから、その時の材料で、その時に最もうまいと考えるものをつくればよいのである。

同じ畑からとれた大根でも、一本一本味は違うものである。日の当り加減、土質の相違、育ち加減、抜いてからの時間など、いろいろな原因で微妙な違いが出てくるのである。その一本一本の特質を見極めて、それにふさわしい煮方をし、味つけをするのが、料理の極致である。

つまるところ、美味しければよいのだ。だから、新しい時代というものが熟してくると、そこに新しい味覚の標準ができてくるはずである。

絵にしても、ミケランジェロに最上の美を感じた時代もあれば、セザンヌが風靡した時代もある。マチス、ピカソの時代もある。いいものはいつまでも残るが、味わい方の標準はずいぶんと変ってくる。それでいいのであって、昔のことをとやかくいっても始まるものではない。

しかし、――この、しかしを私は声を大にしていいたいのだが――自分の仕事に対する真剣さということ、これぱっかりはどんな世の中になっても、変りなく大切なことで、それがまた食ってゆくのにもぜひ必要なことだと思うのだが、その点、いまの若い人達の考えが不思議でならなくなる時がある。

盗みだした献立

見習いコックの最初の仕事は、皿洗い、鍋洗いが通り相場である。私の場合は、明けても暮れても鍋洗いであった。

鍋洗いといっても、馬鹿にならないのであって、ちゃんと順序というものがある。そして、つまりは真心をこめて洗わなければならない。いい加減な洗い方をしたのでは、料理の匂いが違ってしまう。昨日洗った鍋と、今日洗った鍋とでは、そのまま使えば、もう匂いが違うのである。水が溜っていたりしては、言語道断である。

とにかく、鍋ばかり洗って、一月目に一円五十銭の給料をもらった。それをもらうのが恥ずかしくて、恥ずかしくて逃げてまわった。えらく叱られて、とうとうもらったが、二月目、三月目と、だんだん恥ずかしくなくなった。

大体ひと通りのことを覚えると、今度はフランスの料理をじかに勉強したいという野心が起ってきた。それには、まずフランス語を勉強しなければならない——というので、その頃築地明石町に個人教授をしている先生があって、そこに通うことにした。

夜九時に仕事が終って、日比谷から明石町まで行くのだから、どうしても九時半頃になる。木枯しのビュービュー吹く夜など、背中を丸くして小走りに走っていった。寒いのは別になんとも思わないが、遅くなると先生が嫌な顔をする。それが辛い。断られてはかなわないから、御機嫌とりにカステラの焼き方や、カレーライスのつくり方などを教えてあげる。

そうするうちに、今度は先生の方が私のくるのを待ち兼ねるようになって、今日はマヨネーズだ、明日はプディングだというわけで、フランス語よりその方が主になってしまった。

フランス語の勉強といっても、料理の原書を持っていって、それを教わるのだが、先生が文法的に正しく訳してくれるのでは、料理にならないことが多い。先生、それはこう解釈できませんか、そうすると料理になるのですが――というと、ウンそれでもいいのだ、なるほど、そういう解釈もあるんだな、と感心している。帰ってくると、それからまた勉強である。

その頃の人間はよく勉強した。何しろ、早番は朝五時に起きて調理用のストーヴに火を入れなければならない。遅番でも七時には起床である。

それで、夜の十二時、一時になると、さすがに眠くなってくる。一人猛烈に勉強する奴がいて、これと暗黙のうちに意地を張りあっていた。相手が寝るまでは絶対に寝ない。書物の活字がボウと霞んで、何が何だか解らなくなっても、まだ頑張っている。そのうち、向うが根負けして寝てしまう。待っていましたと、こっちも寝床にもぐり込むといったことが毎晩だった。

たまに、昼間フランス語の先生の所にゆくと、日本橋の金物屋の娘さんだという、美しい令嬢が習いにきているのに、よく出会った。その人が、いまの芦田均さんの奥さんだが、きれいな人だなアと、見惚れたものだった。

その頃の修業で一番困ったのは、先輩が献立というものを教えてくれないことであった。横文字の献立など、下っ端には見せてもくれない。料理を研究している者にとっては、どうしても知らなければならないものである。

精養軒に移ってからであったが、西尾益吉という人が料理長で、当時には珍しい外国帰りのパリパリであった。後に、支配人になり、重役になった人である。

その料理長がやっぱりそうで、横文字の献立表を事務所にしまったきり、どうしても見せてくれない。こちらは、見たくて堪らない。

或る晩、ガラス窓を叩き破って、事務所から盗み出した。そして、一晩中かかってそいつを写した。ところが、写し終って、明け方に床へはいったら、すっかり寝過ごしてしまった。

慌てて起きて、仕事場へ飛出したので、寝台の下へ押し込んでおいた献立表をもとへ戻しておくのを、つい忘れてしまった。

もちろん大変な騒ぎになった。昨夜、ガラスを割って献立を盗んだ奴がいる、というの

で、厳しい詮議だ。これには、ホトホト弱ってしまった。コッソリ捨ててしまおうかとも

思ったが料理人にとって何より大切なものだから、そんなもったいないことはとてもでき

ない。

覚悟をきめて、名乗って出た。平謝まりに謝まったが、えらく叱られた。すんでのこと

にくびになるところだったが、とりなしてくれる人があって、漸く無事に納まった。

また、その頃は、毎日のように五六カ所へ仕出しが出た。一人前三円、五円、十円、十

五円と等級があって、今の物価に比べれば大したものであった。

ところが、われわれはただ命ぜられた料理を作るばかりで、それがどういう具合に附け

合わされ、どういう組み合わせで出されるのか、かいもく判らない。

そこで、仕出しを運んで万事を指図する親方——こういう人が何人もいた——の後から

くッついて歩いて、今日の料理はどういう献立で、どういう風に出したのかと、尋ねる。

煩さいッなんて呶鳴られるので、タバコなんぞをやっては、やっと教えてもらったもの

だ。それを聞いて、附け合わせやコースの様子を想像に描いてみて、それを頭に叩き込む。

そういう修業の仕方だった。

ヨーロッパ庖丁修業

シベリア鉄道赤毛布

西洋料理が日本に伝わったのは、厳密にいえばずいぶん古いことで、一般の人が食べ始めたのも、宝永年間にひろまった天麩羅がそうだとか、長崎のしっぽく料理がそうだとか、いろいろ説があるけれども、現在のような形の西洋料理が普及したのは、何といっても明治になってからのことである。

それも、西洋からの直輸入でなく、上海や香港の二流どころの外人コックが、東京、横浜、神戸などにできたホテルに招かれてやってきて、その下にやとわれた日本人が習い覚えたものだという。

それで、何といっても幼稚なものであった。

コックの服装も、私たちの若い頃までは、紺の股引を穿いていたものだった。ボーイの方はその上に白い上衣を着て、紺足袋に白い鼻緒のつっかけ草履をはいていた。

そんな有様だったので、ほんとうに西洋料理を研究するのには、どうしても本場にゆかなければ、と思い立った。

幸いおやじが金を出してくれたので、明治四十二年、二十才のとき、シベリヤ鉄道経由でパリへいった。

何しろ、まだ子供の一人旅だし、いろいろ赤毛布ぶりを発揮したものだ。

敦賀から鳳凰丸という船でウラジオストックへ渡った。親達が大きなトランクを二つも買って、その中に毛布まで入れてくれた。

ところが、ウラジオストックの港へ着くと、朝鮮人が何人もやってきて、手真似で、お前の荷物はどれだと尋ねる様子をするから、これとこれだと指さすと、矢庭に担ぎ上げた。一緒にゆくのだろうと思っていると、トットトットとどこかへいってしまった。

これは大変だと思って、埠頭の方へ急いだ。十月の末で、もう粉雪がチラチラしていた。荒涼とした港の風景、毛皮の帽子をかぶった異人種達、さすがに心細い気持だ。

埠頭には、馬車が何台も客待ちしている。その一台に近寄って、掌に指で日の丸の旗の絵を描いて見せると、御者は、乗れ、という風に顎をしゃくるので、それに乗った。うまく意味が通じたとみえて、馬車は間もなく、日本領事館の前に着いた。

玄関をはいろうとすると、そこに私の荷物がチャンとおいてあるではないか。これにはホッと胸を撫で下ろした——と同時に、何かとても感激してしまった。

領事館には、日本語のできる朝鮮人がいて、あなたの荷物がきたから、金を払っておいたという。そして、いろいろ親切に世話してくれて、切符まで買ってくれた。

汽車は二等だったので、四人入りの部屋で立派なものだった。

言葉も、帝政ロシヤの中流以上の人士には、フランス語が通じたもので、二等に乗るほどの人なら片言ぐらいは話せる。こちらも片言で、ちょうど具合がいい。

窓外には、既に真白になったシベリアの荒野が限りもなく拡がっているが、車室内はスチームでポカポカと快適だ。

だが、一つ困ったことは、食事である。食堂で食べると、一食七円。いま（一九五五年）の金にすると四、五千円に当るだろうか。これで十日間も過ごした日には、とても堪らない。

それで、駅売りの食べ物を買い込んでは、大きな籠に入れておく。鶏の焼いたの、パン、牛乳、缶詰など――鶏なんか、丸焼きで湯気が立っているのを売っている。安くて、うまい。

三等のお客はみんな、こうしたものを食っているのだが、こっちは生意気にも二等である。他の三人が食堂へいった留守に、籠から出してモソモソ食べる。

それで、腹が減ってくると、みんな早く食堂へいってくれないかなと、待ち遠しくてならなかった。

バイカル湖に沿った小さな町に税関があって、荷物を調べられる。ここで、大失敗をやってしまった。

というのは、手廻りの荷物はよかったが、チッキの荷物がある。それを開けて調べるから、鍵を持ってこいという。私はボンヤリしていたために、ゆくのが非常に遅れてしまった。汽車は出そうになる。そうなると情ないもので、必要な言葉はちっとも口に出てこない。

ままよ、あんな荷物なんかなくてもいいや、金さえ持っておりゃ何とかなる、それより汽車においてゆかれちゃあ大変だ――と思ったので、何度催促されても税関にゆかず、とうとう荷物を捨ててしまった。

ところが、ペトログラード（今のレニングラード）に着いて、日本大使館にいってみると、その荷物がまたチャンと届いていた。とうとう無検査で税関を押し通ったわけだ。よくよく運のいいトランクだった。

大使館に四日間泊めてもらったが、ここでまた滑稽な失敗があった。

最初の朝早く目を覚まして、顔を洗いにいった。便所の隣に洗面所がある。日本の洗面器と違って、ひどく浅い。そして、真ん中の水の落ちる穴に栓がない。仕方がないから、そばに下がっているタオルを穴に詰めて水を張り、顔を洗った。

部屋に戻っていると、ボーイがやってきて、もうお目覚めですか、こちらへどうぞという。ついてゆくと、立派な洗面所がある。いやもう済んだというと、怪訝な面持をしているのだ。

どうもおかしいので、大塚というコックに、そっときいてみた。すると、彼はプッと噴き出して、

「あれは顔を洗うところじゃないんですよ。ヘドを吐くところなんですよ」

という。

「わア、いけない」

と私も、テレかくしに大笑いしてしまったが、とたんに、顔中がムズ痒いような、ネチネチした物が張りついているような気持になって弱った。

それにしても、ヘドを吐く場所とは一体何のためにあるのか——それをきいてみたら、ロシヤ人の宴会は、非常に大食するし、ウォツカを強いる。それで、限度に達した者はここへきてモドして、また飲み食いするのだそうだ。

もっとも、後でベルリンにいったら、むこうのビヤホールにも、それが備えてあって、こっちの方は御丁寧に、両手で摑まえてゲーゲーやるための把手までつけてあった。

しかし、これも帝政時代の話で、いまはそんな法外な飲み食いはしないかも知れないし、従って、くだんのユーモラスな施設も現存しているかどうか。

ベルリンで教わった喧嘩作法

それからベルリンにゆき、一時ここに腰をすえた。日本大使館は美しいテーヤ・ガーデンの横にあったが、珍田捨己さんが大使で、畑野参事官、それに武者小路公共さんが三等書記官であった。こういう方々にいろいろとお世話になった。

また、在留邦人としては、先年東宝の大争議のとき社長だった渡辺銕三さん、この人は大学の助教授だった。それから建築の佐野利器さん、医者では島峰徹さんなどがおられた。後に撞球の世界選手権をとった山田浩二もいて、一緒の部屋に住んで仲良くした。

この渡辺さんは、私に外人と喧嘩するコツを教えてくれた。これがパリにいってからずいぶん役に立った。

その頃は、日露戦争に勝った後で、こちらは内心大いに威張ったものだったが、むこうの連中ときたら、日本という国を知らない奴もいる。街のアンちゃんとか、労働者のような連中など、十人のうち八人までは、シニーズ（支那人）と呼びやがる。それに、身体は小さいし、黄色い顔をしているので、頭から馬鹿にして、我慢のならぬからかい方をしたり、カランできたりする。

こちらは、困ったような顔をして、そばへ寄ってゆくのだ。相手のからだに触るか触らぬかと思うくらい充分近寄ったところで、膝で相手の急所をイヤというほど蹴上げてやる。これには、どんな奴だって、ひとたまりもなく、ウーンといって、倒れてしまう。そこで、こちらは身をひるがえして、雲を霞である。

間髪を入れぬ呼吸だが、百発百中、不成功に終ったことはなく、捉まったことも一ぺんもなかった。渡辺さんは、そんなことを覚えているかどうか。

それはさておき、ここでは、大使館の世話で、ウンター・デン・リンデン街にあるホテル・アドロンにはいって、研究した。

ドイツという国は、御承知のように、実質的な、ゴツゴツしたところのある国柄で、食べ物も、ジャガ芋やキャベツやソーセージといった風のところだから、一流ホテルや料理店となると、みんなフランス料理で、料理人もフランス人である。

それで、結局はパリで修業するのが本筋であり、ここはその前座として、いわば小手調べをしたようなものだ。

玄人の修業と素人の稽古

いよいよパリに着いた。夢に見たパリだ。春であった。マロニエの若葉の色が目に沁みるようで、エッフェル塔の上には白雲が流れていた。街には伊達な姿の紳士と、美しい婦人と、鼻に抜けるNの発音が流れていた。

正直な話、私はこれで死んでもいいと思った。いまなら、誰でもヒョコヒョコいってこられるが、当時としてはたいへんなことだった。しかも、その頃の料理人で、本場の本場であるパリまで修業にこられるということは、全く冥利につきる幸運だったのである。

時の大使栗野慎一郎さんや、参事官の安達峰一郎さんの世話でオテル・マジェスティックにはいって、修業することになった。大使館のすぐ近く、アヴェニュ・オッシュ十一番地のアパルトマンの一室を借りて、そこから毎日通うことになった。室代は月十五フランであった。

修業といっても、既に東京で下地があり、ベルリンでもやってきている。別に、何も新しいことをするわけではない。コック場の様子というものは、どこも同じである。切る、煮る、焼く、揚げる、一応はどこでも似たりよったりである。

しかし、その中に、いうにいわれぬ、教えるにも教えられぬ、玄妙な境地があって、修業というのは、つまり、その境地を探り出し、身につけることにほかならない。

ここいらが、素人の勉強と、玄人の修業との違いである。料理学校や、料理書では、どうにもならないところである。

むこうには料理学校というものはない。いや、パリにもコルドン・ブルグという料理学校が一つあったが、これは女中が習いにゆく学校である。いわゆる家庭料理を教えるに過ぎない。

ついでだが、家庭料理というものと、業界の料理とは全然別であって、これを一緒に考えられては困るのである。

家庭のお惣菜というものは、簡単にできて、経済的で、おいしく食べられて、それに栄養のことを考えればいいのであって、何だ彼だと凝るのは馬鹿らしいことだ。

金と暇があり余っている人ならそれもよかろうが、これからの世の中は、なかなかそんなものではない。

それで、家庭の奥さんや、娘さん達が、料理の研究をするならば、まず第一に御飯を上手に炊くこと、第二にお汁を上手に作ること、第三にものを上手に煮ること、第四に上手に焼くこと、第五に揚げること、そのほかに炒めること、蒸すこともあるが、そのような「調理の根本技術」をしっかり覚えればいいのである。

同じ焼くにしても、揚げるにしても、材料によって違いがあるのだが、小魚を焼く場合はこう、切身を焼く場合はこう、厚い肉を揚げるときにはどんな火加減で、牛蒡や人参を揚げるときはどんな心得で――といった具合に、或る程度合理的に分類できる、それを身につけてしまうことだ。

そうすると、あとはその人の器量によって、活用は自由自在、応用は千変万化である。たとえば、おいしいダシの引き方を覚えれば、味噌汁もうまいし、茶碗蒸しもうまくなる。お雑煮をつくっても、おじやを炊いても、おいしいものができる。

それなのに、学校でも、雑誌などでも、一品々々の献立について、まずこれとこれとを混ぜて、こうして味をつけて、こう焼いて——と、よくもまあ飽きもせずに、繰返し〱やっているものだと思う。

或る料理学校の先生に、そういう話をしたら、確かにそうなんだが、それでは学校が立ってゆきませんといった。また、婦人雑誌の記者にも、よくそれをいうんだが、これも、それじゃ商売にならないんです、ということだ。

商売にならなけりゃ仕方のないことで、他人の営業に何も干渉することはないが、どうも皆さん、たいそうな無駄をしておられるようで、もったいないことだと私は思うのだ。また、そういうことが、日本の婦人の創意工夫の力とか、応用力とかいうものの発達を阻んでいるのではないだろうか。

白状すれば、実は新聞雑誌などに西洋料理の記事を書いたのは、恐らく私が元祖であろう。

三、四十年前になるか、実業之日本社から「婦人世界」という雑誌が出ていた。社長の増田義一さんと、村井弦斎という有名な食通で料理の大家だった人とが組んで作った雑誌で、村井さんが亡くなってから、奥さんが料理の方を担当しておられた。

私に顧問になってくれというので、やっていたが、私の書いた記事では、とても家庭の人にはできないということであった。かといって、記事にするには、私にとっては冷汗の出るようなことを書かなければならぬ。それでは御免蒙るよりほかはないというので、その後一切書かないことにした。

スープ鍋をぶちまける

話が横道にそれたが、とにかく玄人の修業だから、パリにやってきても、別に教わるなどということもなく、形の上では料理人の一人として、働いているに過ぎない。

しかし心の中では、勉強にきているのだ、悪い言葉でいえば、盗みにきているのだという気持がいっぱいだから、寸刻も油断しないで、シェフ（料理長）や先輩のすることを、貪ぼりとるわけだ。

器用なことと、覚えのいい点では、むこうの連中に少しも負けなかった。

いまでも私は、日本人のいい料理人に、外国語を仕込んだら、世界のすみずみまで、日本の料理人が幅を利かせるようになると確信しているが、とにかく、その頃の私でも、仕事の上では、仲間にヒケメを感じることはなかった。

しかし、前にも書いたように、身体の小さいことやら、東洋人だということやらで、馬鹿にされるのは情なかった。

皿ばかり洗っている中年の男がいた。肥っちょで、毛だらけの丸太ん棒みたいな腕をした奴だ。これがいちばんしつこく私をからかう。

その頃、吉原に大火があって、お女郎がずいぶん焼け死んだことがあるが、それがパリの新聞にも載った。それを読んで、

「お前の国は、紙と木でつくった家ばかりだってね」

と、ニヤニヤしながら鼻で笑うのだ。私は、残念だが、黙っていた。

その男はだんだん図にのってきた。私のそばを通るたびに、頭を抑えてみたり、背中をつついたり、おどけた恰好をしてみせたりする。日本人と知っていながら、シニーズという。

こちらは、肚の中で、なあにお前達とは人間のできが違うんだぞ、お前なんぞ下っ端の料理人で終るんだが、おれは国に帰ったら、指導者になるんだ、いくらでも馬鹿にしろ——と、虫を殺していたが、あんまりしつこくするので、黙っていられなくなった。

二時半になると昼休みがある。その休みの前になって、私はわざとその男の前へゆくと、芋剝き用の尖ったナイフを丹念にといだ。それを、ゆっくりと紙に包んでポケットにいれた。そして、

「おい、ちょっとお前に用がある、昼休みになったら、外へこい」

そいつは、とたんに顔色を変え、憐れっぽい眼つきになって——

「用って、何だい？　何もボクは——」

「何でもいい、とにかく、表へくりゃいいんだ」

すると、彼はでっかい手を突き出して、握手を求めながら、

「おれが、悪かった、許してくれ」

という。やっぱり判ってやがるんだ。私は、そっぽを向いて、知らん顔をしている。彼は、懸命になって、私の手を取ろうとする。その手を振り払う。

「な、な、謝るから、勘弁してくれ」

と、いまにも泣きそうな声を出す。私もこれぐらいで充分だと思ったから、しぶしぶ、その熊のような手を握ってやったら、

「メルシイ、メルシイ」

と、たいへんな喜びようだ。もともと奴のしぐさも悪気じゃないんだから、こちらも気持がカラッとしたが、奴もそれっきり、絶対に馬鹿にした態度は見せなくなった。

こういうこともあった。

スープのいっぱいはいった大鍋が床の上におろしてあった。シェフがそれをストーヴの

上に乗せろというのだ。大男ならともかく、普通では二人がかりで持ち上げるほどのものだ。

それを上げろという。不可能なことである。からかっているのだ。私は、できないという。しかし、シェフはきかない。押問答のあげく、

「どうしても上げろというんですか」

私はキッとなってきいた。すると、相手も意地になって、

「ウイ」

という。その気配を見て、肉を切ってるやつも野菜を刻んでるやつも、みんな手を止めた。広い炊事場のすべての視線が二人に集まった。店主も椅子に腰かけてこちらを見ている。

私は鍋の把手に両手をかけると、エイッとばかりそのスープを床にぶちまけてしまった。空になった鍋をストーヴの上へドカンと乗せた。

「はい、上げました」

シェフは一瞬青い眼をまんまるにして、茫然と私を見ていたが、みるみる満面朱を注いで、

「メルド（糞野郎）！」と、摑みかかってこようとした。と、主人が、すっと立ってきて、

「待てッ。シェフ。できないことを命令するのはいけない」

と叱りつけた。そして、私には、

「よし、よし。お前が悪いんじゃない。心配するな」

と慰めてくれた。このシェフも、気のいい人で、私をよく可愛がってくれたのだったが、からかわれると、短気な私は我慢できなくなるのであった。

ジュードー武勇伝

もっとも、その頃の日本人にもいけないのがいて、軽蔑される原因をつくっていたことも忘れてはならない。

当時、ロンドンで日英博覧会というのが開催されて、日本からいろんな人が渡ってきた。ひと儲けを狙った興行師が、相撲とか、三味線ひき、娘手踊りの類を連れてきた。日本料理の料理人もやってきた。それも、チャンとしたものならいいのだが、何しろ金儲けしか頭にないものだから、いい加減な連中を引張ってきたのだ。

もっと悪いことには、それが興行に失敗してしまったのだ。在英の外交機関も、それを救けてやって、早く日本へ帰してやればよかったのに、知らぬ顔をしてオッポリ出してしまったから堪らない。その連中がひどい姿でヨーロッパ中を流れ歩いて、まじめな在留邦人に冷汗をかかせたのであった。

これは余談だが、ロンドンに日本料理屋や日本旅館などができたのは、その博覧会の名残りである。

その頃でも、柔道だけは、評判がよかった。谷という人、三宅という人なんかがきていたと思う。とにかく、ジュードーといえば、魔法のように考えられていた。

こういうことがあった。マジェスティックのシェフは、四十をちょっと過ぎたばかりの壮年で、六尺以上もある堂々たる体格の人であった。

昼休みに、多勢の仲間といっしょに雑談していたが、この人が私をつかまえて、

「タカモリ（高森は実家の姓で帰国後すぐ秋山家へ養子にいった）お前ジュードーできるか」

できないというのも癪だから、

「できますさ、もちろん」

そう答えてしまった。シェフはニヤニヤ笑いながら、

「いくらジュードーだって、拳闘にかかったらひとたまりもないよ。おい、おれの手を握ってみろ」

それで、私の手の二倍ぐらいあるやつを握ってみた。さすがにビクともしない。

「どうだ、ジュードー、きくか」

私は、その手を握りかえて、逆にとった。

「ジュードーは、こうやるんです」

「おんなじことさ。やってみろ」

「手が折れますよ。いいですか」

「ハッハッハ――この手が折れるもんか。折れてもかまわん。やってみろ」

私も、もとより柔道は知らないんだし、むこうとしても、小男の私に何ができるかと思ったのだろう。だが、成行きはどうにも仕方がない。手を逆にとったまま、ヤアッと思いっ切り投げをかけたら、ドタンとひっくり返ってしまった。

そりゃ、そうだろう。いくら素人だって、充分に逆をとって投げたんだから、ひっくり返るのが当り前なのだが、みんなびっくりしてしまった。それだけならいいが、投げるとき、イヤな音と手応えがしたと思ったら、シェフは手を挫いたらしく、ブラッと下げて、顔をクシャクシャにしかめて起き上がってきた。これには、私もびっくりして、

「勘忍してください。やれといったから、やったので――」

と謝まった。シェフは、肚の大きい人だったので、

「いいんだ、いいんだ」

と、苦笑いで済んだ。一週間ぐらい休んで、暫く繃帯で手を吊って出勤していたが、その後折に触れては、ジュードーは怖いもんだと話すのを傍で聞いていて、気の毒でならなかった。

大日本帝国大使館缶詰給与

国からの送金は僅かだったので、部屋代や小遣い、それに休みの日の食費を払うと、殆ど残らない。残らないどころか、足りないことが多かった。

土曜が休みだったが、金がないときは休みたくない。外で、金を払って食事をしなければならないからだ。

しかし、一方には、休みの楽しみもあった。朝から晩まで、街を歩いて、食料品屋や、市場や、食器店などを見て廻るのだ。また、あちらの料理店にはショウ・ウィンドウに自慢の料理が飾ってあるので、それを研究して歩く。

今日はシャンゼリゼーを中心として歩けば、次の休みにはモンパルナス界隈をぶらつく。通りの片側を丹念に見て歩くと、また引返して向う側を見る。

若い、小さい東洋人が、うまそうな料理の皿をいつまでもジッと凝視めているので、中からボーイが何べんも首を出したり、半ズボンに鳥打帽の子供が傍によってきて、不思議そうにこっちの顔を見上げていたりする。

巡査が、鋪石の上に靴音をコツコツと立てながら、白い警棒をいじくりいじくり、ニヤニヤ笑って見て通る。

日が暮れて、街々に華やかな灯がともる頃になると、ひと目でそれと判る女が、どこからともなく現れてきて、通りすがりに片眼をつぶって笑ってみせる。ゾクゾクッとするような美人もいる。どうして、こんな商売をしているのかと思うような、貴婦人みたいなのもいる。

しかし、不思議とその頃の私は真面目であって、一ぺんも誘惑にのらなかった。正真正銘、嘘じゃない。

金がなくて、腹が減ってくると、アヴェニュ・オッシュ七番地の日本大使館にゆく。二階に上って、食堂の係の女中さんに、ちょっと××君に用があるんだが探してくれないかなどと、いないのを承知の人間を呼びにゆかせたりなんかして、その間に缶詰類を失敬するのだ。銀座の菊屋のお多福豆の缶詰なんかがあって、懐しいものだった。いや、懐しさより、腹を塞ぐのがもちろん先ではあったが——。

これが毎度のことだったので、いつの間にか感づかれてしまって、私がゆくと、高森さん、また缶詰ですか——などと、笑っている。そうだよ、ちょっとトイレットへでもいってこいや——というわけで、もう半ば公然と頂戴に及んでくるようになった。

だが、そのうちに、私も一人前のパリの料理人として認められる日がきた。

オテル・マジェスティックに二年いてから、私はキャフェ・ド・パリに移って、ここで六ヵ月間修業した。

キャフェ・ド・パリは、オペラ座からオペラ通りをセーヌ河の方へ二三分いった右側にあって、パリ最高級のレストランである。

ここの主人が料理人組合の会長だったので、この人の世話で、私は組合にはいり、プルミエ・コミ（シェフの次の格）のセルティフィカ（証明書）をもらった。いわば、免許皆伝といったようなもので、事実上世界に通用するパスである。どこへいっても、これがあれば、一流の料理人として待遇してくれるわけだ。

そういったわけで、その月から給料とりになった。初めはわずか三十フラン（その頃一フランが三十五、六銭）だったが、むこうは、実力さえあれば無造作に給料を上げるところで、五十フランになり、八十フランになりして、しばらくのうちに百五十フランになった。

これは、独身者としては、ちょっとした暮しのできる金高であった。もちろんそれからは、国のおやじから一文も送ってもらわなかったし、大日本帝国政府大使館の缶詰給与も受けなくてすむようになった。

コックの社会的地位について

それればかりではない。組合員になると、一生のことが保障されるのだ。火傷でもすると、電話一本ですぐ医者が飛んできて、手当をしてくれる。しかも、アパルトマンまで送ってきて、何日間休めと、命令して帰ってゆく。そして、毎日繃帯とりかえに通ってくれるのだが、それがみんな只である。

年とって辞めれば、死ぬまで年金がもらえる。

今では日本でも、そういった社会保障制度は珍しくないが、何しろ、四十年余り前のことである。やっぱり文明国だなアと、つくづく感心した。

それに、料理人に対する世間の観方が違っているのだ。

私は、日本にいる頃は、料理人の社会的地位の低さに、非常に不満を覚えていた。大きな食料品店の主人などは、一流商人として世間の尊敬をかちえているのだが、彼等は材料を売っているに過ぎない。右から仕入れたものをそのまま左へ売って、相当な利益を得ているのだ。

それに比べると、われわれは、その材料に技術——芸術といってもよい——を加えて、完成した食品にしているのだ。腕によって、百点にもなり、十点にもなる。死物に活を与えるのがこの腕だ。食料品店の主人は絵具屋で、われわれは画家なんだ。それなのに、どうして絵具屋の方が尊敬されるのだろう——こういうことを考えていた。

ところが、フランスでは、その点がずいぶん違っている。名のある料理店に行くと、店の前にその日の献立が出ていて、その下にちゃんと、料理長何のなにがしと書いてある。映画や芝居の看板に、主演誰それとあるのと同様である。お客は、あのシェフのつくったものなら——というので、食べにきてくれるのだ。

社会的地位というのは、つまり、そこのことなのである。

日本では、小学校の先生が中学校の先生になり、中学校の先生が高等学校や大学の先生になるのを出世と心得ている。百姓が村役場の役人になり、職工が資本金十八万円也の会社の社長になるのが出世なのである。

むこうの人間には、そういう根性がない。あっても極めて薄い。郵便配達にしろ、靴屋にしろ、自分の天職を楽しみ、それを立派にやってゆくのが自慢である。

私は、キャフェ・ド・パリで半年研究して、今度はオテル・リッツに移ったが、私が見習い時代から耳にしていたここの料理長が、やっぱりそのままで、この人にいろいろお世話になった。六年後の第二回目渡仏のときにもやはり健在で、パリ第一流の料理長として、業界のみならず、一般社会に対してもどっしりした重みを示していたことは、実に会心の事実であった。

私は、フランスという国がとても気に入ってしまった。日本なんぞへ帰りたくなかった。次男でもあるし、ここで一生を送ろうと、いつの間にかそう心に決めていた。

オテル・リッツで半年、それから南仏ニース——金持ばかりが集まる海岸避暑地——のオテル・マジェスティックに移り、ここで七カ月あまり働いているところへ、国へ帰らないかという話が持ち上がった。

天皇陛下の御即位が行われるのに、外国から皇族、王族、その他の貴賓がおいでになる。本格的な洋食を作る指導者がいなけりゃどうにも困るから、お前ちょっと帰ってくれ——というのである。

いろいろお世話になった栗野大使からのお話だし、無下にお断りはできない。それに、料理人としては、何といっても、一世一代のやり甲斐のある仕事だとも思われたので、お引受けしたわけであった。

だが、御大礼が済んだら、またパリへ帰ってこよう——そういう肚でいた。それでも、どうしたものか、いざとなると、日本へ帰るのが辛くて仕方がない。

少年の頃、大阪へ行こうと、家出をしたおり、自分の家の灯をふりかえって見たとき、ポロポロと涙が出たものだが、今度はパリに別れるのが辛くて、涙が出そうなのである。とにかく出発した。マルセイユから船に乗った。船が港を出た。まだ未練が残っていた。地中海を通り過ぎて、スエズ運河にさしかかると、両岸がすぐ舷の下に見える。跳び下りたら届きそうである。それで、何べんも、跳び下りて引返そうかと真剣に思ったものである。

だが、船が運河を離れて、印度洋に出たら、さっぱりと諦めてしまった。大正三年の三月だった。

大膳頭 福羽先生

松の廊下宮中版

身許調査に半年以上かかり、その年の十一月に宮内省大膳職主厨長を拝命した。私のような人間にとって、宮仕えなどということは、全く思いも及ばぬことだった。しかし、はいった上は、自分の納得のゆくまで懸命にやらなければならない——そう決心していた。

坂下門を入ると、右手に、円い池のある広場を前にして宮内省の建物があり、だらだら坂を少しのぼれば、左の高みに豊明殿の広前が見えてくる。その中間にある古風な洋館が、大膳寮である。

ときの大膳頭は農学博士福羽逸人子爵、その頃五十を過ぎておられたと思うが、六尺豊かの長身で、いつも背筋をキチンとのばし、端然たる姿勢を崩さぬ人であった。イギリス風の貴族とでもいいたい、引き締まった彫りの深い顔で、髭には白いものがまじっていた。

新宿御苑の生みの親、育ての親でもあり、有名な福羽苺を創り出した人だけに、満身これ研究心で凝りかたまった、そして非常に厳しい人だった。

はいってから、僅か一カ月ほどしか経っていない或る日、厨房の裏口から、年配の立派な紳士とそのお供らしい四五人の洋服男が、突然ドヤドヤとはいってきた。靴穿きのままである。私は、その前に立塞がって、

「誰だッ」

と、呶鳴りつけた。先頭の紳士は悠然とした口調で、

「片山だ」

それだけである。私は、なおのことグッときた。持ち前の大声を張り上げて、

「馬鹿野郎ッ。ここをどこだと思うんだ。土足のままで無断で入るとは何事だッ。出て行け、この間抜け野郎ッ」

と浴びせかけた。その連中、暫くためらっていたが、黙って踵を返して出ていった。

すると、古い厨司がそばにやってきて、

「主厨長、あれは片山内匠頭ですよ」

工学博士で、青山御所を作った偉い人だという。

「内匠頭だろうが、何だろうが、土足ではいるという法があるか―」

「そりゃそうですが――馬鹿野郎にはビックリしましたよ」

私も、ちょっといい過ぎたかナとは思ったが、気にもかけないでいると、正規の入口から、白衣を着て、スリッパを穿いた人達がはいってきた。先頭で案内しているのは、福羽大膳頭、それに並んでいるのが、先刻の片山内匠頭だ。

さすがの私も、何だか恥ずかしくなってきた。二十五、六の若僧が、五十年配の偉い人を、メチャメチャに怒鳴りつけたんだから——。それで、急いでその席を外してしまった。

小一時間経ったら、大膳頭からちょっときてくれという呼出しである。こいつは、やられるなと思いながらゆくと、

「さっき、片山内匠頭が厨房を拝見にこられたんだが——裏口から、土足で入られたんだそうだね」

「そうです」

「片山さんも、悪かったといっておられた。しかしだね、秋山君。役所では『馬鹿野郎』とか『間抜け野郎』なんて乱暴な言葉は使わない方がいいよ」

「はい」

「では、よろしい」

それで済んだ。内匠頭も立派な人だったので、私は松の廊下で切りつけられることもなく、助かった。それにも増して、福羽さんは有難いオヤジだなアと、つくづくそう思った。勤めの初期に於て、こういう上司の人格に接したことが、どれほど身のためになったか、

まことに測り知れないものがある。

果物の大恩人

だが、仕事や研究の上では、針の先ほどの過ちも、妥協も、許さない人だった。

その頃は、福羽苺作出の途中だったが、よく朝早く新宿御苑に連れてゆかれた。苺畑に入ると、朝露に濡れた葉蔭に見事な紅い実が熟れている。博士はそれを、一つ、二つと摘んでは、掌の上で揉み潰しておられる。私が、

「大膳頭、いい苺ですね」

というと、

「いや、まだ駄目だ」

と、掌を見せて、

「見給え。汁の色が淡いだろう。もっともっと紅くならなければ、いけないんだ」

そういって、じっと掌の上をみつめて考え込んでおられる。こういうことを、くる年も、くる年も繰り返して、毎年目に見えぬぐらいずつ、より美しく、よりふっくらと、より艶よく、より香り高く、より味よく作り上げてゆかれたのであった。

最近、或る一流果物店の主人に会って、その頃の思い出話をしたら、

「何といっても、世界一ですね。アメリカ人などがやってきても、ほかの果物には驚きませんが、苺には腰を抜かしますよ」

といった。腰を抜かすとは大袈裟な表現だが、私の耳には極めて自然に、実感を以てきこえた。作出の頃の苦心をつぶさに見てきたからであろう。

メロンも、日本では博士が最初につくられたものである。明治十七八年頃、内苑頭の時代にヨーロッパから種子を取寄せて、宮内省の御苑と、四谷角筈の自邸内の温室で栽培されたのだそうである。

私がはいった頃は、既に大したもので、一貫目もあるのが累々と生っていた。それぐらいの大きさになると、大抵中身にスが入ったり、ガランドウになっているものだが、そんなものは一つもなく、切ってみると、キメの細かい、香りの高い果肉がビッシリと張っていた。

売品としては、漸く京都山科の木村（太一郎）温室でつくっていた程度だと記憶するが、農科大学、岩崎家、大隈侯爵家などでも、試験的に作り始めていた。

大隈さんは、宮内省で御馳走になって、大いに気に入り、自邸内に栽培させたもので、

「わが輩は百二十五才まで生きるのである。それはメロンを毎日食うからである」

と、会う人ごとに大風呂敷をひろげていた。

メロンも、当時としては大したニュース・ヴァリューを持っていたもので、大隈さんの

大風呂敷はその普及に大きな役割を演じたのであった。

そのほか、福羽博士の作られたもので、記憶に残るのは、一尺五寸もあるコンコンブル(表面のスベスベした長胡瓜)、一本八十匁もあるアスパラガスなどがある。

前にも書いたように、ただ大きいだけでは、何にもならないのだが、質的にもズバ抜けているから驚くのである。アスパラガスも、八十匁なんというものは、皮が固くて食べられはしないものだが、福羽さんのは柔かくて、ポトポトしていた。

こういった飛び抜けたものを作り出すのは、頭や、学問だけではどうにもならぬもので、身体ごとぶつかってゆく愛情と熱がなければならない。その点、博士は典型的な人だった。

葡萄のできる頃、急に強い風が吹き出しでもすると、どんな夜中でもパッと飛び起きる。提灯を下げて、角筈のお宅から新宿御苑へ駈けつけ、葡萄の葉を丹念に糸で結えてあるくのだ。

葡萄の実の外側にうっすらと吹いている粉、あの粉が少しでも落ちたら値打ちがない、宮廷の食卓には乗せられない——というので、風で煽られた葉が実に触るのを防ぐわけである。

そのような作業は、園丁にでも任せておけばよさそうなものだが、風の音を聞いては、寝てはいられない。自分の手で結えてやらねば——そういった気持で、矢も楯も堪らなくなられるらしかった。

まったく、人間の手というものは不思議なものである。

男女の仲だってそうだろう。いくら相手を愛していても、言葉だけでは、愛情がほんとうに通ずるものではない。手をジッと握り合う。何もいわなくても、それで充分だ。

動物だったらなおさらで、私は馬が好きだが、手で撫でやったり、頸筋を叩いてやったり、ブラシをかけてやったり、とにかく手を触れないことには、絶対になつくものではない。

子供でもそうだ。坊や可愛い子だね——なんぞと、口先でお愛想をいってもシンからなついてはこない。この坊主ッ——と頭を撫でやったり、抱き上げてやったり、追っかけ廻して、捉まえたりすれば、一ぺんに仲良しになってしまう。

植物だって、やっぱり自分の手をかけてやらなければ、ほんとうではないのだろう。

そういえば、食べものでもそうだ。ふつうの御飯より、握り飯がずっとうまいのは、誰でも体験していることだ。なぜうまいのか、はっきり説明できる人はないが——すしでも、箸で食うのと、手でつまんで食うのとは味がちがう。

特に果物は、自分の手で剝いて、自分の手で持って食べて、初めてほんとうの味がするものだ。舌のカンのいい人なら試してみれば、すぐわかる。

大正天皇の御大礼

福羽博士のような偉い方の下にいたからこそ、私は、二十六才の若い身空で、御大礼の台所を主宰するという大役を、無事に済ませることができたのである。

しかし、何といっても、あの時は苦心した。献立を考えるのにひと月かかった。徹夜を何べんしたかわからない。何も文献調べや何かで徹夜するのではない。頭の中で献立を作るのだ。それから、頭の中で料理を作ってみる。

すると、どれもこれもが立派なものになってしまって、かえって魅力がなくなってしまう。

料理にも、重点が一つあって、それが光っていなければならない。その他のものは、それ自身としてはもちろん立派なものでなくてはならないが、重点になる料理の光を消すようなギラツキがあってはいけない。そうして、コース全体が渾然とした調和を保ってこそ、最上の料理といえる。

ちょうど、あの合唱のようなものであって、高い華やかな声を出す人の歌声が、ほかのいろいろな段階の声の中からぬきんでて聞えてくるが、それでいて、浮きあがってはいない。全体が、いかにも快よい調和を保って、耳にはいってくる。私は、西洋音楽のことはさっぱりわからないが、どうも西洋料理に似ているようだ。

そういったわけで、頭に浮んでくる献立を、思い切って片っ端しから落としてしまう。ところが、その中に、どうしても落としきれないものが残ってくる。十ぺん考えても、二十ぺん考えても、その献立が頭の中に坐っている。それがホンモノである。こうして、煮つめて煮つめて、最後に一つの献立を決定したのであった。

献立のつぎには、材料の心配だ。

何しろ、延べ二千人もの賜宴である。上質の品を、しかもその質を揃えて、大量に集めなければならない。

といって、生ま物が大部分だから、早くから買い込んでおくわけにはいかない。その時になって、パッと揃うように、そして、もし甲の方に万一のことがあったら乙の方で間に合わせるようにと、万全の手配をしておくのである。

いよいよそのときになって、苦心することは、作る時刻の問題である。いくら立派な料理でも、あまり早く作ったのでは、香りや風味が消えてしまう。温かくあるべきものが、冷めてしまっては、値打ちがなくなる。

厨房はまるで戦場のような忙しさになる。五十人あまりの人間がまったく無我夢中になってしまう。

だから、不測の事故ということも考えなければならない。たとえば、スープの鍋をひっくり返したらどうするか。出さないわけにはいかない。かといって、それだけのものを二重に作っておくことはできない。

それで、ダシや味の素を用意しておき、お湯を沸かしておいて、万一のことがあったら、即座に代るべきものを作る。こういった心構えをしておくわけである。

とにかく、初の大役である大正天皇の御大礼も、無事に済ませることができた。あの厳しい大膳頭から、出来栄えは上々であったとお賞めにあずかったときには、さすがに嬉しかった。

その時の献立を参考までに記しておこう。ただし、洋風賜宴のものだけにとどめる。

大正四年十一月十七日於京都二条離宮

大饗賜宴　献立

一　鼈清羹（すっぽんのコンソメ）　蝲蛄濁羹（ざりがにのポタージュ）

一　蒸茄鱒（ますの酒蒸し）

一　被包肥育牝鶏（とりの袋蒸し）

一　烹炙牛繊肉（ヒレ肉の焼肉）

一　羮熟冷鶉（うずらの冷い料理）

一　椪柑凍酒（オレンジと酒のシャーベット）

一　燔焼吐綬鶏　交品　鶉　生菜（七面鳥のあぶり焼き、うずらのつけ合せ、サラダ）
一　湯淪漕蒿（セロリの煮込み）
一　氷　菓（アイスクリーム）
一　後段果実生菓各種（デザート）
　　酒類
一　アモンチアード寒爾利酒（セリー酒）
一　千九百年醸シャトー、イケーム白葡萄酒
一　千八百七十七年醸シャトー、マルゴー赤葡萄酒
一　千八百九十九年醸クロードヴージョー赤葡萄酒
一　ポムリーエグルノ三鞭酒（シャンパン）
　　麵麭　珈琲及焼酒数品

鶴庖丁

福羽博士のことを、もう少し書いておきたい。

博士は、果樹や蔬菜の栽培に於て第一人者であった――いい忘れたが、接ぎ木にかけても並ぶものもない名人で、博士の接がれたものには一本の失敗もなかった。まったく神技であった――ばかりでなく、いわゆる食通でもあり、調理についても深く通じておられた。熱心な研究家でもあった。

朝鮮から鶴を取り寄せて、古式にのっとって庖丁されたことさえあった。

古来わが国では、鶴は最上の食味とされ、天皇の召しあがるものとされていた。徳川時代の末頃までは、宮中では年の始めに鶴庖刀の儀式が行われ、実に厳粛なものであったという。

また、冬の初めになると、幕府では鷹狩を催して鶴を獲り、初鶴といって京都へ献上した。天皇はそれを宗室公侯にお裾分けになり、その貴族達は賓客を招いて、賜わった鶴を割いて光栄を分つのが、恒例になっていたことが、ものの本にのっている。

伊勢貞丈随筆纐纈の巻に、鶴の古式庖丁のことが詳しく書いてある。

今世正月廿八日、禁中にてこのことあり。清涼殿の前庭、階前に、一間に二間の板畳を敷きて、その上にて庖丁あり。

庖丁人、白小袖に狩衣《かりぎぬ》、浅黄の指貫《さしぬき》、風折烏帽子《かざおりえぼし》着て出仕す。

素襖《すおう》に烏帽子着けたる者四人、俎板に鶴一羽のせてかつぎ出る。

庖丁人、鶴の両羽を切りて、俎板の向う南の端に並べ置き、次に頸を二つに切りて、羽の次に並べ置く。

さて、鶴を横に取直し、中より切り、頭の方へ付きたる身をたてにおろし、頸の次に並べ置き、中より下の方は、そのままにさし置きて切らず、取直し置きて、庖丁まなばし、俎板の上に置き、退きて平伏し、退出す。云々。

こういう文献にもとづき、そのやかましい儀式通りに、まなばしと庖丁とを使って——材料に手を触れることはできない——割いてゆかれたが、なかなかの腕前であった。

熊掌では失敗した。支那料理の逸品といわれる熊掌の料理を作ってみよう、といい出され、北海道から取り寄せることになった。

ところが、それまで誰一人として試みたことのない品だけに、むこうの猟師も勝手がわからない。掌全体を切取ってしまうと、毛皮の値段が下がるものだから、皮を剝いた赤はだかのものを送ってきた。

こちらもよく判らないので、それを書物を見い見い煮込んだら、腥くて、まずくて、とても食えたものではない。

どうしたわけだろうと、いろいろ研究してみたところ、皮つきでないと駄目だということが判った。皮のゼラチンとその下にあるネットリした脂肪がうま味を持っているのである。

博士には、ちょっと度はずれの頑固なところがあったが、それは博士をよく知っているものにとっては、かえって微笑ましいものであった。

四谷のお宅へ行くと、奇妙な電話があった。電話が奇妙なのでなく、取り附け方が変っているのである。普通よりは一尺ぐらい高い所にあり、その下に梯子段みたいな段々がつくってあるのだ。

博士は身長六尺、奥さんはまた並外れの小さい方で、四尺そこそこ。普通の家庭なら、まあ小さい人に合せて、大きい人はちょっと身をかがめればいいということになるのだが、先生の流儀はそうではない。自分が直立した口もとに送話機がきていないと、絶対に承知されないのである。

そこで、例の段々ができたわけだが、奥さんがその上にチョコンと乗っかって電話をかけておられる光景は、こういっては甚だ済まないが、まことにユーモラスなものであった。

もっとも、私とても段々の一つ二つは利用する組であったが――

たしか大正八年だったと思うが、大膳頭は突然辞表を出された。それには、こんなわけがあった。

新宿御苑――当時内苑頭であった博士が産湯をつかい、手塩にかけて育ててこられたこの御苑は、職制が変更になって、博士が大膳頭に転ぜられたとき、当然大膳寮に帰属すべきものであった。それが内匠寮に属することになったのだ。役所のことだから、所属の違いがどれくらい仕事の上に影響するかは、誰しも想像できることであろう。

そこで、せめて宮中の花や果物や蔬菜を作っている部分だけでも、大膳寮の所属にしてもらいたいと、いつも主張しておられたのだが、ついに容れられなかった。

博士の性格として、当然かくあるべきことがそうでないというまちがった状態を、見過ごしていることは、どうしてもできなかったことと推察する。

いよいよ、辞職が決定したとき、私たち全員を集めて、挨拶をされた。

その顔には深い悲しみの色が湛えられていた。そして、沈痛な声音で、

「この度、役所を辞めさせて頂くことになった。永い間至らぬ私を、よく助けてくれて――」

そこまでいわれると、声がくぐもって、ついに黙り込んでしまわれた。そして、そのまま出ていってしまわれた。

その晩、私は角筈のお宅へいった。博士は、いつものように機嫌よく迎えてくださった。座につくなり、私は自分の決意をひれきした。

「先生、私は先生がお辞めになったら、役所にいたくありません。いっしょに辞めさせていただきます」

私がいい終らぬうちに、博士は横を向いてしまわれた。頬のあたりがピクピク動いていた。それを見ると、私も顔を上げられなくなってしまった。じっと、押し黙ったまま何分

かが過ぎたが、私は堪りきれなくなって、黙って部屋を出てしまった。

その翌日、博士から電話がかかってきた。

「秋山君。君は絶対に止してはいかんぞ。いいか」

突然こうである。

「――」

「わかってくれ給え。僕が困るんだ。止してくれるなよ。いいか」

私は、ハイと答えざるを得なかった。

これでまた、私は人生の曲り角を、一つ通り過ぎたのであった。

とにかく、福羽先生は、偉い人だった。頭の下がるような人だった。

果物の味

日本産デリシャス第一号

果物については、まだまだいろんな話がある。

日本で初めてできたデリシャスのことなども、忘れ難い思い出だ。

昭和の初め頃までは、りんごは酸っぱい果物とされていた。もっとも、アダムとイヴがエデンの園で神のおきてにまで背いて食ったというから、大昔は甘いものだったかも知れない。いや、恋とは甘いようで酸っぱいものだという謎かも知れない。

とにかく、以前は酸っぱい一方で、品種名というシャれたものもなく、番号で呼んでいた。注文をするのに、例えば、八号のりんごを十貫目届けてくれ——といった具合であった。

それは、もともとりんごという果物がわが国に普及したのは、明治初年に、その頃あった勧業寮が、ヨーロッパやらアメリカから苗木を取寄せて、北海道や東北地方にバラ撒いてからのことだが、そのとき、着いた苗木を一列にならべて、片端から番号をつけた。それが果実の品種を分ける番号にもなったのである。今でも北海道では、番号で呼んでいるらしい。

そのようなわけで、たいした改良もされないままに打過ぎていた。それで、甘いりんごなどというものは、誰一人考えもしなかった。

ところが、その頃アメリカに研究にいっていた齊藤義政君が、むこうで甘味のたっぷりしたりんごを見つけた。日本のものとは比較にならぬほどうまい。デリシャスという品種である。

彼は早速その苗木を少し買って、日本へ送った。そして、青森県にある自家の農園に栽培させてみたのであった。

その話を聞いて、私も大いに期待していたが、それから何年たったろうか、たしか昭和五年の秋だったと思う。或る日齊藤君が大膳寮へやってきて、たいそう昂奮した口調で、

「秋山さんデリシャスの実が生《な》りましたよ——と、一個のりんごを取り出した。赤い美しい実である。

「たった、二つ生ったのです。一つは、研究のため産地におきました。これが世の中に出る最初の一つです。試食してみてください」

これは、たいへんなものだ。あだやおろそかにはできないぞ、と私は思った。

「われわれが試食するのは、もったいない。初生りのうちの初生りだ。まず先帝陛下の御霊前にお供えしようじゃないか。そして、皇太后陛下に召しあがって頂こう」

齊藤君も感激して、

「ぜひ、お願いします。有難いことです」

という。そこで、私は早速それを大宮御所に届けて、そのわけを申し上げ、つけ加えて、実はこれを作り出した齊藤君も、また私も、ほんの少々でも味わってみたく存じます。それで、お供えの後お召しあがりになりましたら、皮をお下げ渡しくだされば有難う存じます、とお願いした。

そうすると、翌日有難いお言葉と共に、りんごの三分の一ぐらいを下げ渡してくださった。私は、取るものも取りあえず、それを持って銀座の齊藤君の店にかけつけた。

「やあ、いらっしゃい。あのう、大宮御所の方は——」

「それだよ。そのことできたんだ。ほら、見給え」

私は包を解いた。

「あ——」

齊藤君は、嘆声を発した。そして、感に堪えた面持で、もう切口が赤くなったりんごをみつめている。

「さ、いただこう」

「はア」

まるでとおとい珠玉のように手にのせて、赤ちゃけた切口をそぎとるのも、薄く、薄く――そして二つに切って口に入れた。

「うまい」

私は思わず、唸った。

「いいですね――うむ、うむ」

と齊藤君。

そして、お互いしばらくは無言で、日本の土に初めてできたデリシャスの味を嚙みしめた。わずかな酸味を含んだ甘い汁、品のいい香り、肉のほどよい柔かさ。これはいい、絶対にいける――と私は確信した。


これは後日物語になるが、その翌年は十個ほどの実が生ったので、齊藤君は同業者を集めて試食会をやった。ところが、誰一人としてこの新しい品種に賛成するものがない。甘いりんごなんて、喜ばれはしないよ――という判断であった。

しかし、結果は逆になった。甘いりんごの評判は、年々に高くなった。そのために、青森の彼の農園には、デリシャスの枝泥坊がひんぴんとやってくるようになった。

そのやり方が奇抜なのである。というのは、在来種の木の先の方に接ぎ木をして、デリシャスを殖やしつつあったのだが、その枝を熱心な連中が狙うのである。しかし、夏の間は、葉が茂っているし、高い所にあるし、人目はあるし――で、うまくいかない。だから、あの枝と、見当だけをつけておくのである。

冬になると、木は裸になる。雪が降り積んで、くだんの枝は手頃の高さになってくる。そこを狙って、スキーでサッとやって来て、サッと持っていってしまう。

これは、防ぎようもないし、盗られる方もまアまアというノンビリした気持もあって、放っておくうちに、たちまちあの辺いったいに拡がり、それが契機となって、現在の甘いりんごの時代がきたのである。

果物類の分布や発達には、こういったエピソードはよくあるもので、りんごの例をとれば、アメリカが現在世界第一の産地になったのも、一人の気狂いじみた男のお蔭なのである。

それは、ジョナサン・チャプマンという、ボストン生まれの若者。いわゆる当時の西部開拓者の一人で、彼は志を立ててペンシルバニア州へやってきた。だが、ジョナサンは、悍馬に鞭ってピストルを連発する勇者でもなく、コロラドの谷に砂金を求めるいっかく千金の山師でもなかった。多くの開拓者がそうであったように、黙々として土に生きる男だった。いや、それ以上の人間であった。彼は、りんごの種子を至るところに播いて、それから多量の種子を取り、それを馬車に積んで更に西部へと旅した。そして、適当な土地を見れば、その種子を蒔いて歩いた。開拓者の小屋を訪ねては、種子をやったり、苗木をやったりした。ボロ服一枚の着たきり雀で、寝るのは樹下石上、晩年には、服を着ないで古いコーヒー袋をもらっては、それに首と両手とを通す穴を開けて着ていたという。

この半狂人のような男の蒔いた種子が、後年大きな実を結んで、オハイオ州は世界最大のりんごの産地となったのだということである。


それはさておき、現在デリシャスは、いつ、どこでも買える普通のりんごになったが、少し大きくなり過ぎたようだ。そして、味が大味になってしまった。

日本の園芸人の悪い癖は、ともすれば大きいものを作ることに努力が片寄って、真の中身のことを二の次にすることだ。大根でも、さつまいもでも、品評会などで一等賞を取るのは、大抵見かけが大きく、見事に育ったもので、食べてみるとサッパリうまくないのが多い。食の真を知らないのである。食の奥を追求しないのである。

百果の王コミス

果物作りの先駆者として忘れられないのは、木村太一郎さんや、大原総一郎さんであろう。

木村さんは、ハネデュー・メロンを初めてつくった人で、温室葡萄を最初に市場に出したのもこの人であった。京都山科の温室は今としても大したもので、鉄骨作りで「二階家がそっくりはいる」と、世の人に驚かれたものだ。そこから毎日汽車で東京へ運び、銀座の一軒の店で売捌かれた。

その後、だんだん事業が思わしくなって、とうとう自殺してしまった。というのは、岡山附近の百姓達がその真似をして、自分で土をこねて、南面だけを硝子にした、安あがりの温室を建て、安い葡萄をどんどん作って出したので、とても太刀打ちできなくなったからであった。先駆者の悲劇である。

大原さんは、大原社会問題研究所や大原コレクションなどに、ハッキリとその事績を残しているが、隠れた功績として、いま岡山県の果物のよいのは、この人のお蔭がずいぶんあると私は思う。それと、万兵功成って一将の骨枯れた木村さんの恩恵も忘れてはなるまい。

大原農園で忘れられないのは、コミスの味である。

フランス原産の西洋梨で、梨では世界一といわれた品種だったが、私にいわしむれば、あれこそ果物の王である。マンゴー、マンゴスチンなどというけれども、コミスの、あの品のある味には及ばない。福羽さんがまだ宮内省におられる頃——大正四年だったと思う

――大原農園から取寄せたが、その頃の値段で一個四円か五円かであった。

例の、表面に凸凹のある瓶のような形は、一般の西洋梨と変りはないが、皮を剝くと、ほんのりと淡黄がかった果肉が、いかにもしっとりして、心を吸い寄せるようである。一片を口に入れる。とたんに、何ともいえない芳香と、トロリとした舌ざわりと、上品な甘さが、口いっぱいに拡がる。かす一つ残さず、アイスクリームのように溶けてしまう。実に素晴らしい逸品であった。

四十年たったいままでも、まだあの味が舌に残っている。以来、一度もコミスを見たことも、味わったこともないが、いったいその木はいまどうなっていることだろう。

天下に一本　八百才の果樹

西洋梨ほど、熟度のデリケートなものはない。食べ頃はわずか二日か三日に限られる。その前もいけないし、過ぎたら忽ち腐ってしまう。

いや、程度の差こそあれ、すべての果物がそうなのである。よく、こういう自慢話を聞く。

「静岡の蜜柑、紀州の蜜柑というけれど、おらがの庭の蜜柑を食べて見なされ。まるっきり味が違うで――」

西瓜にもそれがあるし、枇杷にも、桃にも、柿にも、りんごにも、何にでもそれがある。不思議はない。木になったまま自然に熟したものを、ちょうど熟度のよいときに食べるのだから、こんなうまいものはないのだ。

市場に出るものは、未熟のうちに採取し、箱詰めされ、汽車で運ばれ、トラックに積まれ、青果市場から小売屋へと渡ってきているのだから、どうしても味が落ちる。やむを得ない。だが、それとても、熟度さえ外さなければ、かなり美味しく食べられるのである。

この、熟度をひと目で見分けることが、私どもの役目の一つでもあるし、資格の一つでもある。家庭の人達でも、常にそういう気持さえあれば、だんだんと判ってくるもので、果物をいつもおいしく食べられることは、人生に対する大きなプラスだと思う。

蜜柑の自慢といえば、大分の津久見の小蜜柑、これは実にうまい。まず天下無双であろう。といっても、これは木が一本しかないのである。

津久見の岡の上にあるのだが、樹齢八百年という老木。蜜柑だけでなく、あらゆる果樹の中の最長老である。中心の元木の枝がしだれて土に着いて、そこからまた芽が出て木になり、その枝がしだれてそこからまた芽が出るといった具合で、一本の木で森を成している。そして、中心の元木はもうガランドウになっている。

その実が、一口に入るほどの大きさだが、癖のない、完全な甘さを持っているのだ。私は蜜柑好きで、いまでも一ぺんに二十ぐらい食べるほどだが、こう書いているうちにも、口の中に唾が溜ってきて、どうしても、もう一度津久見にゆかなければならぬ気特になってきた。

素晴らしい逸品というものは例外なく産額が少いもので、大和の御所柿などがそうである。これは、文字通り柿の王だが、名前だけは響いているものの、産額は少い。というより、ないといった方がいいかも知れない。大和の御所町の郊外の農家に、点々としてその木があるだけである。もっとも、品種としての〝御所柿〟は方々から出てはいるけれども

――

御所柿につぐものは、やはり広島の西条、岐阜の富有というところだろう。渋柿では、熊本の小春柿がうまい。

大体柿というものは、霜に会うと味が出るもので、霜がかかったかどうかを見分けるには、へたを開けてみるとよい。へたの下にある皮と、外気にさらされた部分との色の差のひどいのが、霜に会ったしょうこである。皮は多少きずになっていることが多いけれども、そういう柿を食べるとうまい。だが、霜に当り過ぎたのは、またよろしくない。強くもなし、弱くもなしという程度の霜に当ったのが最上である。

霜と柿の関係は、何か深いものがあるらしく、うまい柿の産地といえば、肥後が一番南で、会津あたりが最も北である。それより寒い所にも暑いところにも、見るべきものはない。

世界的に見ても、アジアが原産地だが、中でも、わが国が本場中の本場である。私は学者でないから、よくわからないが、やっぱり、温帯の、ひどく寒くもなければ暑くもないという土地の物であるらしい。

天皇のお食事

七分づきに丸麦

天皇陛下はどんなお食事を召しあがっておられるのか——と、会う人ごとに私に尋ねる。私は語りたくない。語ってはならぬことだ——と思う。いや、そう思っていた。

しかし、誰しもそれを知りたがる。相当な知識人も、普通の家庭の主婦でも、そうである。新聞や雑誌からも聞きにくる。ということは、国民の大部分にとって知りたいことだということになる。単に興味ばかりではないものが感じとられる。と、なると、少し考え直さなければならない。

私は、陛下ほど民主的な方はないと信じている。四十年間お傍に仕えた私がいうのだから、誰が何といおうと、真実である。そのへんにいるつまらぬ役人どもや、政治家たちの方が、ずっと非民主的である。

こういう真実は、誰も知らない。そうして、「金の箸」や「お米は一粒ずつ選ったものだ」というような伝説が生まれてくるのである。だから、真実を語ることは、必要だともいえるのである。

一粒選りとは、とんでもないことで、陛下は、現在配給の七分づきの米に、丸麦を混ぜたものを召しあがっておられる。それも、一日に一食だけで、あとはパンを召しあがるのである。戦後の食糧難時代は、他の二回は、うどん、そば、そばかき、すいとん、代用パン、さつまいも、馬鈴薯などであった。

戦前でも、半つき米に丸麦混入の御飯で、おすしの場合も、白米の使用をお許しにならなかった。

一般の人は、もちろんそういうことは知らなかった。戦争中、終戦後の苦しい状態を経てきた今日、そんな話を聞いても、たいして驚く人はあるまいが、戦前の「よき時代」には、想像もできぬことだったらしい。

こんな話がある。

昭和の初め頃——二年か三年か——に、静岡の牧野ケ原の茶園にお成りになった際、関係の高官たちに御陪食を賜わった。雨が降っていて、天幕の中でのお食事であった。

汽車弁ほどの大きさの折三段で、一番上にはバナナが一本、次の折には魚の照り焼と、玉子焼、百合根二個、その他のつけ合せ少々、一番下の折には、小さな握り飯が四つずつ四列に、合計十六個。ところが陛下のは、黒い握り飯だけである。

或る高官は、それをチラと拝見して、――ハハア、黒い握り飯は上等のもので、鰹節か何かの御飯だろう。白いのが普通の白米飯だろう――そう考えて、先ず黒い方から頂いた。すると実にまずいのである。よくよく見ると、七分づき程度の飯に、麦が半分はいっているので、驚いてしまったということである。

一同も、同じような気持であったろうが、もちろん黙ってモソモソと頂いていた。すると、お傍にいた宮内大臣の一木喜徳郎さんが、

「皆さん。この黒い御飯は如何ですか。これが陛下の御常食です」

と、紹介した。みんな唖然としてしまった。

陛下は、こう説明をおつけ加えになった。

「侍医から聞いたのであるが、米の七分づきに麦を混ぜた御飯は、衛生上たいへんよろしいそうである。食べつけてみると、味も白米飯よりもよろしいので、私はこれを常食にしている。しかし、私の好物だからといって、諸子に強制する気持はない。それで、半分だけ白米飯を加えて、これは参考までに添えたものである」

一同は、しんそこから恐れ入り、かつ感激したということである。

わが国が、戦時体制に入ってしまってからは、もっとひどいものを召しあがった。主食が統制になり、国民の配給に外米が混ざるようになると、当時は、まだそれほど食糧事情

が行き詰ってはいなかったのに、

「やはり国民同様に外国米を混ぜよ」

と、おっしゃって、半つき米に、丸麦、それに外米を混ぜたものをおあがりになってお られた。たまにはすし米のような純白の御飯をさしあげたいと思ったが、お許しにならなかった。半生を美味追求に没頭してきた私にとっては、そのような御飯をさしあげるのは、一種の苦痛であったが、思召しだから仕方がないのである。

パンでもやはりそうであって、

「真っ白なパンはもったいないから、何か混ぜたらどうか」

と、側近を通じてお話しがあったので、最初はきな粉、次はとうもろこし、その次は乾燥野菜という風に、いろいろ混ぜて、順ぐりにさしあげたものであった。

それまでは、献立はあらかじめ作成したものを皇后さまのお手許まで差し出したものであったが、材料の入手が困難になってからは、その日その日の間に合せの材料によって、おつくりしたのであった。

現在は、その点やや昔にかえることができて、私の方で書いた献立を皇后さまにごらんに入れ、それできまるわけであるが、陛下から、何々をとお望みになることは、一度もない。

好き嫌いを少しもおっしゃらないので、おあがりになる量、お残しになったものなどで、お察しするよりほかはない。そうして、お好きなものをと心掛けてお出しするわけである。

そのほか、こちらでいろいろ工夫して、すしも握ってさしあげれば、タイ茶、テン茶のようなイキなものもさしあげる。私がいろいろなところに食べにいって、これはいいなと思ったものは、何でもとり入れることにしている。いろいろな方がこられて、食べものの話が出たとき御存じないと申しわけないからである。ただし、ふぐだけはおすすめしない。

もっとも、一度だけふぐをさしあげようとしたことがある。終戦後の地方御巡幸の折、三田尻の毛利邸にお泊りになったとき、知事の田中さんが私のところへきて、郷土名物のふぐをぜひ陛下に味わって頂きたい、もちろん調理には万全を期して、絶対に間違いは起さない。すべてはあなたの胸一つにあるのだが、どうですか——という。

私としても、美味という点にかけては魚類中の王であるふぐを一度も味わって頂けないのは残念に思われたので、意を決して、よろしい、さしあげましょう——と返事をした。

そして、二時間ほど前に、知事さん、私、その他の者がお毒見して、大丈夫というので、お出しした。ところが、侍医がどうしてもいけないと頑強に主張する。

侍医の立場としては、当然かも知れない。それではというので、お目にだけかけて、ついに召しあがってはいただけなかった。

真心がつくる味

私はしょっちゅう、あちこちにものを食べにゆく。しかし、いわゆる食道楽や食通の人のように、ああうまい——と心酔することができないのである。商売の悲しさである。

すぐ批判的に、頭がはたらくのである。そして、瞬間にその料理を解剖してしまう習性があるのだ。この蝦は房総のものだなとか、この粉はコシが強過ぎるな——などということがすぐ頭にくるし、これはいける、と感じても、すぐそのあとから、まてよ、これはどうしてつくったんだろうということを考え始める。

だから、食べるときはうまいとは思わないのである。味に対して全神経を働かせながら、しかも味を味わえない。味を考えるのに夢中で、味に酔うことができないのである。

そして、料理屋の門を出てから、ああうまかったなア——と思う。あとの祭りだ。不幸といえば、不幸な身の上かも知れない。

しかし、私にもしんからうまいと思って食うものがある。家庭のお総菜だ。これは、前にもいったように、料理ではないのだ。それがいい過ぎなら、専門家のつくる料理とは、全然別物なのだ。

大根と芋の煮〆、あじのひと塩の干物、ほうれんそうのおひたし、女房や娘がつくったそういったものは、実にうまい。同じぶりの照り焼きでも、料理屋で食べるより、家で食べるときに、しんからうまいなアと思う。

けっきょく、心の持ちようなのだろう。うちでは、何も考えないで食べるからなのだ。それに、何といっても、家で食べるものには真心がこもっている。しんから、うまいと思うのは、その真心のせいなのだ。

ものを食うのは、せんじつめてゆくと、口や舌でなく、魂が食うのだ。口や舌はごまかせても、魂はごまかせない。真心のこもった食べものは、だから何ともいえぬ味がある。料理屋などにいっても、それはすぐわかる。真心のこもった料理と、いい加減な気持でつくった料理は、味よりも、何よりも、その違いが、強くカンに響いてくるのである。

見た目だけでも、それはわかる。ちょっと見には、器用にまとめあげたものがある。ところが、見ているうちにだんだん、いやらしくなってくる。そんなものに限って、食べてみると、必ず手を抜いたところがある。或いは、味や香りに品がない。

真心のこもったものは、たとえ無器用なできでも、見ているうちにだんだんひきつけられてくるものである。

それで、料理を修業する者は——他の技術、芸術でもそうであろうが——決して不器用を嘆いてはならない。不器用なものが、懸命に魂を打ち込んで、ジリッジリッと上がってきた、こういう人には、器用一方の人は必ず押されてしまう。

そんな人のつくったものには、底光りのする何かがある。滋味がある。だから、妙に人をひきつけるのだ。

ものを切ることひとつだってそうだ。手で切ってはいけない。腰で切る。腰の重みで切る。小手先で切ると、モノが小さくなっていけない。

わが料理に悔なし

私にこう聞いた人がある。

「秋山さん、あなたは何十年の間、天皇のお食事をつくっておられるんだから、心の休まることはないでしょうね。夜なんかよく眠れますか」

なるほど、責任は重大である。陛下の御健康の、御生命の、いちばんもとになる食事のことを司っているのだから、そういわれれば空恐ろしいことである。

ところが、戦々兢々どころか、私は平気である。いつも気楽なものだ。それで、その通りを答えると、妙な顔をして、

「へえーそんなもんですかねえ。私なんぞが秋山さんの立場だったら、神経衰弱になります」

という。

「神経衰弱になったら、どうなるというんです。大切な務ができないじゃないですか。私が四十何年間、病気らしい病気をしたことのないのは、気楽にしているからですよ」

「そりゃ、そうですけど、よく気楽にしておられますね。それが不思議です」

そういわれてみると、不思議かも知れない。では、どうして自分はこんなにノンキなのだろうと考えてみる。と、やはり真心ということに落ちついてくる。

料理の腕や工夫、これは一生のことで、まだまだこれからだ。人間としても、短気で、かんしゃく持ちで、わがままで、しようのないやつだと思っている。しかし、陛下のお食事をおつくりするごとに、真心を捧げつくしていること、これだけは、世の中の誰にも絶対にヒケを取るものではない。私が自信をもっていい得ることは、これだけである。

だが、そのためにこそ、私が心の平安を保っておられるのだと思う。仕事をしてしまったあとで気になることがない。悔いるところがない。

私はいつも若い人達にいうのだが、あとでも悔いの残るような仕事をしてはいけない。それは真剣さが足りなかったしょうこだ。

料理というものは、機械・器具を作るように、寸法を計って、切って、くっつけるというたものではない。昨日の材料と、今日の材料とは違うのである。同じ鶏舎で同時に生まれて、同じ餌を食って育った鶏でも、違いがある。牛、豚でもそうだし、酒や野菜でもそうである。

その材料の個性によって、火加減も、調味料の加減も違ってくる。

その時の、その材料と勝負をするのだ。十回が十回、自分で納得できるようなものができるはずがない。できるという人があったら、それは嘘だ。ひとにか自分にか、どちらかに嘘をついているのだ。十回のうち、五、六回も満足できたら、いい方だ。

だから、最善をつくして、しかも十のものができなかったからとて、悔いは起らない。心を静かにして、次の仕事によりよいできを期するだけだ。研究もし、勉強もして、前へ進むことを考えるだけだ。

しかし、最善をつくしていないときは、良心がそれを知っている。だから、悔いが残る。たとえば、時間ぎりぎりまで、碁を打ったり、将棋をさしたりしていて、慌てて仕事にかかった。心の準備もできていないし、物の準備も不充分だ。そのために、思う通りのものができなかった。これでは、良心がいつまでも悩むのである。

仕事をするのは、力と精神だと私は思う。経験も力だし、頭も力である。技の上手、下手も力である。力が足りなかったのは、悔いることはない。計画がはずれて、失敗に終ったとしても、計画また力のうちであるから、諦めることだ。

だが、ここでこうやればよいのだが、面倒くさいから、これくらいのところで――といった精神の緩みがすこしでもあったとしたら、それが必ず悔いになる。

こういう仕事のやり方は、私は絶対に許さない。部下にも、自分にも同じだ。

天皇のお食事

陛下はどういうものがお好きか。

前にもいったが、好き嫌いをおっしゃらない。しかし、永い間お仕えしていると、おのずからお察しできるようになる。

めん類特にざるそばは、お好きなもののひとつである。一週間に一回は、私どもの方で打ってお出ししているが、お代りをお出しになることもあるくらいだ。

料理の味はどちらかといえば薄味をお好みになるが、あぶら濃いものも、うなぎ、中華料理、てんぷらなども、お好きのようである。

よく、お座敷てんぷらをしてさしあげる。また、皇后さまがてんぷらがお上手で、そのお手料理を大へん喜んで召しあがることもある。

ただ、お小さいときからの習慣で、舌をやけどするように熱いものを召しあがったことはない。それで、熱いものは苦手でいらっしゃる。私が揚げ役で、冷め加減を見てさしあげるのだが、まちがえて、熱いのを出すことがある。すると、「熱い！」とおっしゃる。冷めたものにはおこごとがない。これには苦労するのである。

熱い料理は、熱いうちに食べなければ、ほんとうの味が味わえないことは、常識である。しかし、皇室の場合、永い間の習慣上、それが思うようにいかない。大膳でこしらえたものを御文庫まで運ぶと、どうしても冷め加減になってしまう。

料理人としても残念この上ないことだし、何よりも召しあがる方に対して、申しわけないことである。今では、御文庫の地下室に調理室があって、そこで温めてさしあげているが、ほんとうにつくりたての食物を、すぐ召しあがって頂くようになったら、本望だと思うのである。

魚類も、たい、ひらめというような、いわゆる上魚だけでなく、いわし、さんまのような魚も喜んで召しあがる。特にさんまは非常にお好きである。ただ、これも、ハラワタを取り、小骨もピンセットですっかり抜きとってお出しするので、さんまのほんとうの味を味わっていただけないのは残念である。

こういう点に、宮中料理の苦心があるのである。

料理というものは、いじくればいじくるほど味が落ちるもので、鶏だって骨つきで出すといいのだが、そうはいかない。

御陪食の人が、陛下の前でお料理をちょうだいしているとき、骨附きの肉が切れなくて、カチンと皿の音をさせただけで、その人は味も何もわからなくなってしまう。

また、口の中に入れた魚に骨があったとする。それを、食卓作法の優雅さを落とさないで、品よく出して始末できるような人は、めったにいるものではない。たいていの人がまごまごしてしまう。そうなると、失敗すまいとする気持がかえって身体を固くして、いよいよ自らを失敗に追いやるものである。だから、最初から骨を抜いておくにしくはない。

御身分上、変った材料による料理を召しあがることはない。こちらとしてもお出ししない。しかし、皇后さまとご一緒に朝の散歩をなさるときに、たまたまお目にとまった野草をお摘みになって、

「これは、おひたしにすると、おいしいものですよ」

といわれて、皇后さまにお渡しになった野草を、私の方で調理してさしあげる。そういうことはたびたびあった。

皇室の配給生活

材料といえば、宮中の料理に使われる材料はだいたい自家製と市場物が半々になっている。王者の食膳といえば、山海の珍味、諸国の名産が山の如く集まり、一尾の魚に千金をも万金をも惜しまぬといった風な想像をする人もあろうが、それは見当ちがいである。皇

室の御費用のことを考えれば、すぐわかるはずである。

主食は前にもいったように、配給米である。麦の配給があれば、大麦ならば米に混ぜ、小麦ならば粉にして、パンに焼いてさしあげる。

ただ、一般の人と違うのは、お身分上しばしば賜宴をお開きになる——外国使臣や閣僚などを招かれての御陪食、歌会始予選者への賜宴など——そのために特配をお受けになっていらっしゃる。そういう場合は、白米で、もちろん麦も混ぜない。戦後の食糧難時代でも、御陪食のときだけは、

「できるだけの御馳走をしてやるように——」

とのお言葉があった。しかし、それでも、魚または肉の一品と、野菜の一品に限られたものであった。

自家製品の主なものは、野菜と乳製品で、野菜は皇居内の生物学研究所にある畑や、本丸跡の畑で作られる。以前には、新宿御苑にも野菜畑があった。

また、生物学研究所のそばには、わずかながら水田もあって、天皇陛下がご自分で田植をされ、もち米などをお作りになる。このもち米は、ひな祭りなどのとき、ひしもちについて側近たちにもくださるのである。

もう一つの自家製品である乳製品は、千葉県三里塚の御料牧場で作られている。ここには、乳用、食用あわせて数十頭の牛、豚がおり、宮中特製の飲料であるカルグルト（カル

ピスのようなもの）をはじめ、バター、ハム、ソーセージ、ベーコンなどができ、やはりそこでとれる卵と一緒に、十日分ずつ皇居に届けられる。しかし、食用肉は、このほか一般の肉屋からも納められている。

以上に書いた品のほかは、みんな市中から買い入れる。果物、のり、乾物類、みそ、しょうゆ、それぞれ一般と変りのないもの――品質の吟味はもちろんのことだが――を買い入れているのである。

魚は魚河岸から直接にはいってくる。

昭和初年までは、単に魚を納めるばかりでなく、陛下のお食事以外の宮中料理は、魚河岸の「魚精方」（ぎょせいかた）がやっていたのである。

「魚精方」というのは、明治天皇が京都から東京へ遷都されたとき、魚河岸の佐久間定吉、三輪八百吉、荒木平八の三人が代表者となって、鮮魚を納入する機関を作ったのがそれである。

昭和初年に、賜宴その他の宮中料理も、宮内省大膳寮で直接調進することになったので「魚精方」は解散し、現在は魚だけを魚河岸の株式会社共同水産から納入している。

終戦後、食糧事情が悪化し、しかも一方ではヤミ市が栄えていた頃、魚のことで忘れられないことがある。

陛下はヤミの物を買うことを絶対にお許しにならなかった。それで、配給のすけそうだら、いわし、さば、さんまの類しか、御膳にさしあげられないのである。よしんば、お心に背いてヤミのものを買おうと思ったにしても、予算の関係で、とても買えたものではなかった。

ところが、ときどき、たい、ぶり、かつおの類が、配給されてくる。飛びあがるほど嬉しくて、いそいそとして御膳にのぼせたものであったが、いずくんぞ知らん、それは、魚河岸の商人がわざわざ船橋のヤミ市までいって、自腹を切って仕入れてきたものだったのである。そういう商人もいた。

また、或る食料品店でも、大膳に予算がない——その頃は何もかも現金でなくては手に入らなかった——ので、いつも立て替え、立て替えして納めてくれた。

一方には、戦前までは永く宮内省御用達をつとめていたのが、戦争中、戦後のみじめな時代にはちっとも寄りつかなかったものが多い。それが、また近頃になって、笑顔をつくってやってくる。苦々しい限りである。

逆境に立ったとき、ほんとうの友だちかどうかが判るというが、商人のホンモノとニセモノも、そういう場合になって、ハッキリわかれるものだ。

陛下はお酒は召しあがるかどうか、たまには晩しゃくでもなさっていられるのではないかしら——と、想像する人も多いようである。だが、陛下は召しあがらない。召しあがれないのである。

明治天皇が酒豪でいらっしゃったことは有名で、召しあがりつつ呵々大笑なさるお声が、ずっと離れたところまで聞こえたということである。

大正天皇も多少召しあがった。もっとも、明治天皇ほどの酒量ではなく、御祝膳のとき日本酒を、日常のお食事のとき葡萄酒やベルモットを、少々召しあがったに過ぎない。

だが、料理の味のお好みは、どちらかといえば辛い方で、その点今の陛下と対照的である。

さて、今の陛下は少年時代におとそを飲まれて、たいそう苦しまれたことがあったそうで、体質的におあがりになれないのだとお察ししている。侍医が、少しはおあがりになった方がおからだのためによろしいとおすすめして、いまおけいこをなさっておられるが、やはりだめでいらっしゃる。葡萄酒をうすめたのをさしあげるのだが、いくらかお苦しいようである。

その代り、甘いものはお好きなようで、あんのついたおはぎ、しるこの類、皇后さまは和菓子がお好みのようである。

果物は御健康のためにもよいし、またお好きでもいらっしゃるので、お食事毎にお出ししている。

果物といえば、私がはいるまでは、宮中料理では、切った果物は出さないことになっていたらしい。

ところが、外国では、一人の人が一種類の果物しかとられない方式よりは、二種類も、三種類も違ったものを味わってもらう方がよいという理由で、梨ぐらいの大きさの果物でも、二つなり三つなりに切って、盛っておくことをよくやる。

だから、私がはいりたての頃、その式をやった。すると、時の宮内次官関屋貞三郎さんから文句が出た。

「果物は切って出すものではない。以後こういうことをしてはいけない」

それが私にはグッときた。それで、早速いい返してやった。

「そうですか。じゃア、メロンも、西瓜も、丸ごと出しますから、そうお考えになっといてください」

それには、関屋さんも困ったらしく、以後その文句はなくなったが、どうも若いときは血の気が多かった。いや、いまでもあんまり少くはなっていないが——

ついでだが、果物は切らない方がおいしいこと、もちろんである。念のため。

現在宮中の大膳では、賜宴、陪食の料理を別にすれば、両陛下、義宮さまのお食事をつくっているだけである。皇太子のお食事は東宮仮御所に配属されている三名の係がつくり、清宮さまはその御殿（本丸）でお附きの雑仕の手伝いで自炊生活をしていらっしゃる。

皇后さまも、料理を作ることはお好きである。だが、一般の主婦と違って、ちゃんと大膳というものがあるので、家事として料理をなさる必要がない。それで、腕をおふるいになる機会はあまりないわけである。

それでも、終戦直後の食糧難時代には、ご自分で世話をなさっておられる鶏の卵や、庭におつくりになった野菜で、よく即席の料理をこしらえて、ご家族たちの舌を楽しませになった。

また、陛下のお好きな生椎茸などが献上されたときには、これでバタ焼きや、グラタンなどをお作りになり、大膳の料理に加えて、食卓をおにぎわせになることもあった。

以上、思いつくままに、いつわりのないところを書いてきたが、天皇のお食事というものは賜宴、陪食の場合は別として、たいそう質素であり、特に主食では一般の家庭より無味なものを召しあがっておられることを解ってもらえれば、結構だとおもう。

最近の或る一日のお食事の献立をひろうすると、次のごとくである。文字で書くと、これでもなにか立派な感じがするが、試みに、みなさんの家庭の一日の献立を文字で書いてみられるとよい。中流以上の家庭ではこれ以上の食事をしておられるところが多いことと思う。

朝

一、オートミール　牛乳　砂糖

一、トースト　ジャム　バター
一、小蕪クリーム煮
一、サラド　レチユース
一、果　物
一、煮冷水（湯ざましのこと）
一、お　茶
一、牛　乳

昼

一、御　汁　汐仕立　雪の上こんぶ
一、丸麦　人造米入　御飯
一、矢柄魚　作り身　わさび
一、味煮八つ頭
一、バター煎めさやえんどう
一、御漬物　奈良漬瓜　つくだ煮　海苔
一、果　物　柿
一、お　茶
一、牛　乳

夕

一、スープ
一、犢肉《こうし》漬包焼　人参　カリフラワー
一、玉蜀黍バター煎め
一、パン
一、果物
一、カルグルト
一、お茶
一、牛乳

陛下にさしあげた郷土料理

むかしは、大膳職員のつくったもの以外は、絶対にさしあげないことになっていたので、行幸啓となると、たいへんな騒ぎだった。

いらっしゃる先々に特別な調理室を設けねばならないのであった。それで、明治天皇が大演習にお出かけになったとき、その設備ができぬために、ごま塩をふりかけた握りめしのお弁当をお持ちになったことすらあったという。

戦後は、そういう難しさがなくなって、私どもがお供をするのも、料理の指導をするだけでその土地土地の料理人がおつくりするのである。

それで、いわゆる郷土料理を味わっていただく機会ができたのは、たいそう喜ばしいことである。私どもも、なるべく、その土地土地の風味を加えたものをと、献立に注意している。

地方で召しあがった郷土料理や、名産といわれる材料、果物、菓子の類を思いつくままに書いてみよう。(なお、お成りの当時は時季外れのため、その前後に献上などがあって、さしあげたものも含んでいる)

北海道　さんま　ほっき貝
秋　田　しょっつる
岩　手　じんぎすかん料理（小岩井にて）
青　森　りんご
福　島　くるみ、ぜんまい、油揚の和えもの
山　形　なめこ
金　沢　ゴリのお汁
富　山　いかの黒づくり
福　井　甘鯛

武　生　手打そば
芦　原　かに
新　潟　霜降ととまめ（筋子）
滋　賀　琵琶湖のひがい　ふな
京　都　松茸　丹波の栗
大　阪　鯉
長　野　手打そば
静　岡　甘鯛
岐　阜　鮎のうるか
桑　名　はまぐり
奈　良　御所柿　奈良漬　吉野の葛
岸和田　いいだこ
鳥　取　松葉蟹　萩の餅
三　原　鯛そうめん
松　江　すずき
岡　山　酒蒸し鯛　梨
山　口　焼かまぼこ

防府　白銀かまぼこ黄身焼
宮島　かき黄金焼
福岡　若鶏の水たき
佐賀　むつごろうの照焼
大分　かれい
熊本　肥後風おはぎ　朝鮮飴
長崎　からすみ　茂木びわ
佐世保　豚の角煮
大村　山羊筑前煮
鹿児島　とんこつ　酒ずし　かるかん
宮崎　つき入れ餅　日向夏蜜柑
高知　桜魚そうめん
道後　ひかぶら漬物　タルト
高松　醬油豆（そらまめ醬油漬）
宇和島　かまぼこ

中国の謎

宮廷料理お毒味のこと

天皇のお食事といえば、すぐ頭に浮かぶのは、お毒味ということであろう。昔は、おしつけというお毒味役がいたが、いまはそれがない。

ただ、材料から食器類にいたるまで、厳重に消毒をすることと、陛下の召しあがるのと同じ膳をもう一人前つくって、侍医が栄養という立場から試食すること――それだけが、民間とやや違うだけで、検閲などはない。私どものおつくりしたものを直接さしあげているのだ。

ところが、戦前、満洲国皇帝の溥儀さんがこられたときは驚いた。

何を考えたのか、満洲からわざわざ家鴨を五、六十羽、氷詰めにして持ってきた。それが、東京に着いたときは、すっかり腐って悪臭紛々。これには閉口して、すぐ捨てさせた。

どうも不可解に思っていると、それより念の入ったものが現われた。

真鍮のたがのはまった、何となく神秘的な匂いのする不思議な大桶を、赤坂離宮に担ぎ込んで、お泊りの部屋の近くに据えた。何だろうと思ったら、神秘的でも何でもない。蒸溜水なのだ。しかも、満洲でつくってわざわざ持ってきたというのだ。お茶も、コーヒーも、料理もこの水を使えというわけである。蒸溜器具もちゃんと持ってきていて、四六時中せっせとつくっては、補給している。係の者が厳重に番をしている。

大阪へゆかれるとなると、列車に持ち込む。中之島の公会堂へいらっしゃるとなれば、公会堂の部屋まで、えっさ、えっさと担ぎあげる。

それまでは、まだいい。

厨房には、いつも二三人のお附きがいて、片時も目を放さない。私が、皇帝の料理をつくっていると、そばによってきて、一挙一動を監視しているのだ。しゃくにはさわるし、邪魔にはなるし——だが、まあ、まあと我慢していた。

できた料理は、こちらの主膳の手で運ばれるのだが、厨房から部屋までの間に、廊下にも、階段にも、何間おきかにむこうの者が立っていて、目を光らせているのだ。

それも、まだいい。

料理がお部屋の次の部屋まで運ばれると、そこにまた二三人の毒味役が待ちかまえている。そして、せっかく美しくこしらえあげた料理を、箸やフォークでいじくりまわして、こわしてしまう。例えば、うずらの詰めもののようなものだと、腹をあけて、中に入っているものをホジクリ出してみるのだ。

これには、私も我慢ができなくなった。お附きのえらいほうに、もと宮中の式部官をしていた高木三郎さんや、加藤蔵之助さんがいたので、その人達のところへいって、談じ込んだ。

「ああいう馬鹿なことをしてもらったんじゃ、何にもなりません。やめさせてください」

すると、いかにも困ったという態度で、

「そりゃ、よくわかる。あんたが怒るのはもっともなんだ。だが、弱るんだよ」

「何とかしたいんだが、簡単にいかないのでね。昔からのしきたりで、そういった点の難しさときたら、ひと通りやふた通りじゃない。むこうじゃねえ、宮中で働いている人間、まあ園丁もいれば、大工もいる。そんな連中が何の気なしに皇帝の厨房へはいってくることがある。ついまちがってはいることもある。そうすると、もちろんその場ですぐ追い出されるんだが、必ずいつの間にか行衛不明になっちまう。――それぐらいなんですよ。腹も立つでしょうが、まァひとつ、我慢してください」

「むこうじゃそうかも知れないが、日本にきてまでそれじゃ、私が承知できません。私は天皇の主厨長ですよ。もう二十年も、陛下は私のつくったものを召しあがっておられるんですよ。その私が信用できないんですか」

私は詰めよった。

「とにかく、あれをやめなけりゃ、私は今日かぎり御免こうむります」

「まあ、そういわないで——何とか努力しましょう」

そういったことで帰ってきたが、それからずいぶんとよくなった。二度目に来訪されたときは、もちろん腐った家鴨も、神秘的な水桶も御持参なかったし、料理もこわされずに済んだ。

前々からこういうことを聞いていた。

むかし朝鮮の李朝の王様は、代々早死であった。病気で死ぬ方もあるが、これという病気もなくて、若く死ぬ人もある。それは、極めて徐々に毒殺されたんだという説もあるが、近代の医学から見れば、逆だというのである。

毒殺を防ぐために、王の食事には極めて厳重な検閲が施される。つくった料理を毒味してから、一日も、二日もおいて、これならば大丈夫だということになってから、さしあげる。そのため、食物は腐敗とまではいかなくても、腐る一歩手前の状態までいってしまう。それに、いまの学問で言えば、ビタミンなんてものが、殆どなくなってしまっている。こういうものを、毎日毎日食べていれば、身体が自然とまいってくるのは、あたりまえすぎるくらいあたりまえのことである。だから、毒殺を防ぐための検閲が、かえって毒殺とおなじ結果になっていたのだ——という話なのである。

私は、それを一つの伝説のように聞き流していたが、満洲の溥儀皇帝の来日以来、そういうこともあるだろうな——と思うようになった。

中国料理の秘薬

中国の食事の作法に、やはり毒殺ということが底になっているものの多いのも、面白い。銀の箸を使うのは、毒に会うと銀は黒変するからだという。以前むこうの貴族は、よそにゆくときは一尺二寸ぐらいの象牙の箸を持参したもので、その先にはやっぱり銀が掛けてあったものだ。

ところで、いまの日本料理では、めいめい別の器に盛ってあり、まずお客様に、さアどうぞ——とすすめて箸をとってもらうのが普通だが、中国では、御承知のように大皿に盛ってあるのを取り分けて食べる。それも、まず主人が箸をつけて、食べてみせ、さアどうぞ——というのが作法である。毒ははいっていませんよ——と、いうわけである。

日本では、乾盃をするのに、ほんとうに「盃を乾す」人はめったにないが、中国では、これは無礼になる。

「請々（チンチン）」――広東では「乾盃（カンペイ）」という――と、主人側が立ちあがる。盃を目の前にさしあげる。お客も立ちあがる。そして、いっせいにグッと飲み干す。飲み干した盃を斜め倒さにして相手の方へ見せる。主客円陣をつくっているわけだから、いやがおうでも、飲んだか飲まないかがわかる。御主人、あなたを絶対に信用していますよ。一滴あまさず飲みましたよ――という意味である。

もちろん、もとの起りがそうなのであって、いまごろ一々毒のことなんぞ考える人もないわけだが、こういう風習が、かえって会食や宴会の気分を和やかなものにしているのは、面白いことである。

日本の宴会では、或る者は料理には箸もつけず、酒ばかり飲んでいる、或る者は膳の上にかがみ込んで、食ってばかりいる。あっちでは歌を歌っているかと思うと、こっちでは飯を食っている。もう飯を済ませて、コッソリ帰るのもいる。テンデンバラバラで、主客和楽を共にするなんて気分はない。懐石料理となると、これは反対に清雅そのもので、ちょっと、淡々とし過ぎる。

西洋料理の会食は、食事そのものには、やや厳粛な空気が勝ち過ぎる。だが快い音楽を聞いたり、静かな会話を交わしたり、そういったことで、柔かい雰囲気をつくりながら、食事を楽しむ。そして、別室に退いてから、賑かな談笑と、酒が始まるのである。

中国の宴会——いまはずいぶん違うかも知れぬが——は、親しみに溢れているのが特色だ。夏の暑い日なら、さア上衣をお脱ぎください、というので、半裸になってしまうほど、打解けた気分がある。奏楽はむろんのこと、乾盃を何回も繰り返す。そして、同じ皿に盛ったものを取り分けて食べる。歌を歌い、拳を打つ。

文人の集まりならば、詩を作りあったり、書や画を書いたり、和気堂に満つというていのものである。

酒もずいぶん飲むが、成分のせいか、泥酔しない。陶然たる酔心地が持続する。こうして長夜の宴がつづくのである。

気候・風土・歴史・民族性などから、会食や宴会のありかたも違い、それぞれ面白い味を持っているが、親しみのあるのは、中国風をもって第一とすべきだろう。

二回目にヨーロッパにいった帰りがけ、アメリカに寄ったが、ニューヨークあたりでも、支那料理屋がとても盛んにはやっている。中部から西部にやってきても、大きな都市にはチヤプスイ屋が繁昌している。

中国という国は、大昔から料理の発達したところであるし、一度は研究にいってみたいとおもっていたのだが、アメリカ各地の支那料理屋の繁昌を見て、いよいよ尻に火がついたような気持になった。それで、大正十一年にやらしてもらった。上海―広東―上海―青島―天津―北京―大連―吉林―大連と、半年の間研究してまわった。

上海では、舟越総領事や、三井物産の肝煎りで、しかるべき一流料理店へ研究にゆこうとしたが、嫌ってなかなか入れてくれない。仕方なく、日本公園にある六三亭という旅館に、むこうの料理人にきてもらうことにした。

毎晩やってきて、いろいろな料理を作ってみせてくれるのだが、そのうちに一つどうしても秘密にして見せてくれないものがある。白茶色の粉だ。籠の中の小さな容器から出して、パッと入れて、大急ぎでしまってしまう。便所にゆくときにも、それだけは持ってゆくのだ。中国特有の調味料か、その男だけが知っている秘伝のものか、とにかく知りたくて仕方がない。

根気よく機会を待っているうちに、彼にも油断が出たらしい。或る日のこと、それをおいたままチョッと場をはずした。私は、素早くいれものを取って、掌の上にパッと出した。すぐ、元へ返したところへ、彼が帰ってきたので、掌にギューッと握りしめた。そして、ハンカチで手を拭く真似をして、包んでしまった。

鬼の首でもとったような気持で、日本クラブの自室に帰って、調べてみると、――なんと、それはただの味の素であった。

あとで知ったことだが、中国料理店の格は、鶏をつぶす数できまるという。つまり、ダシをとるために、一日に鶏を何羽つぶすかで、味の優劣がきまるわけだ。数の多い方が格の上なのはいうまでもない。

底知れぬ大人の国

ふり出しは、がっかりの大笑いだったが、六カ月の巡遊のうちには、中国料理の本体をおよそつかむことができた。

「中国料理は世界一」といわれている。漢の時代に支那の料理法が西域に伝わり、それがローマの美食に影響し、ローマ料理が今日のフランス料理の基礎になったものといわれている。それほど古くから発達した、優れたものではあるけれども、料理としてのあらゆる面から綜合してみた場合、中国料理の現在の姿は、あながち「世界一」とはいい切れない。

第一に、豚、鶏、玉葱というような材料を一つの献立の中に、何べんも繰返して使う。日本料理でも、西洋料理でも、それをしない。

第二に、砂糖、酒、みりん、醬油というような調味料を使い過ぎる。おのおのの皿に一応は甘、鹹、酸、辛、苦の別はあるが、ほぼ似たような味になってしまう。

第三に、視覚的要素というものが、それほど優れていない。第四に、生鮮なものが殆どない。鶏肉ぐらいのもので、あとはすべて、煮る、焼く、揚げる炒める等、強度の調理が施してある。

第四のことは、風土の関係でやむを得ない宿命であり、その代りには、乾燥食品を作ることと、それをもどして調理する技術が素晴らしく発達した。これこそ、まさしく世界一である。

燕巣、白きくらげ、ふかのひれ——支那料理の逸品とされるものは、殆ど乾物である。一流料理店にゆくと、この三品の材料を上、中、下といろいろ客のところへ持ってきて、どれになさいますか、ときく。これこれと選べば、それによって、料理全体の格がきまる。

また、ふかのひれについては、こういったエチケットが附随している。いまはそうではあるまいが、万事に鷹揚なのが、中国の大人であって、個人の邸に人を招ぶ場合でも、一流料理店の場合でも、御馳走は食いきれぬほど皿に盛って出す。それを必ず食べ残す。よしんば食べきれるようでも、残しておくのが礼儀である。というのは、残ったものは雇人下男たちのホマチになるのだ。それを入札によって払下げる。だから、残しておくことは、雇人たちにチップをやるようなものだ。

ところが、ふかのひれのスープだけは、全部平げるのが、エチケットなのだ。それは、この料理が料理人の腕のふるいどころとされているからだ。だから、食べ残すのは、料理人に対して落第点を与えることになり、ひいては主人に対しても、礼を失することになる。

とにかく、中国料理の中枢をなすものは乾物だと考えてよい。その他、一品一品を見れば、舌と腹を同時に満足させるに足る料理が多い。近頃餃子などの点心類を客の前でつくって食べさせる店が繁昌しているのは、ゆえあることである。

食品の種類の多いこと、範囲の広いこと、奇抜なものの多いこと、これも世界に冠たるものであろう。

例を獣類の身体の各部にとれば、内臓はもちろん、舌、のど、鼻の軟骨、唇、骨、ひづめ、尾、えな、はらご、よだれ、血、尿、便、睾丸、陰茎まで、あますところなく食用にする。

へびを食い、むかでを食い、もぐらを食う。ねずみを食い、猫を食い、犬を食う。

広東の街を歩けば、小犬や猫を入れた籠をてんびんぼうで担いで、売り歩いているのによく出会う。

妊娠しているねずみの腹を割いて胎児を出し、これを蜜で二三日飼い、生きたままを食う。噛めば、チュッと泣くというが、これは試みたことがない。

広東には三蛇会というのがある。

まむし、こぶら、はぶの三毒蛇のよせ鍋である。生きた蛇の皮をはぎ、肉をこそぎとり、菊の花、せり、干餅、狸の肉といっしょに煮て食べる。また、その時、この三つの毒蛇の胆汁をしぼり込んだ三蛇酒を飲む。淡い緑色をした、口当りのいい酒である。この三蛇会は、精力のつく料理の随一といわれている。

錦蛇もよく食べる。胴廻り二尺長さ三間といったグロテスクなもの。これがとれると、新聞に広告が出る。希望者は欲しい斤数を申込む。満員になれば、殺して分けるのである。まことに、地大物博、五千年の歴史を持つ大国ではある。人間もまた然り。

北京でのことであった。東興楼という料理店にいって昼食をした。主人が挨拶に出てきた。一見貴族と見まほしき品のある人で、口のきき方といい、おじぎの仕方といい、悠揚迫らず、しかも礼をつくしたもの。まさに大人の風格である。料理屋の主人とはどうしても思えない。

墨をすり、帖を拡げて、なにとぞ記念のため一筆をという。折角ですが、悪筆にして貴帖を汚すにしのびません、といって固辞した。

断ってよかった。あとで、主人や、そのうちの料理人の書いたものを見たが、いやその筆跡の見事さ、おどろきいってしまった。冷汗が出た。

北京では、もう一組立派な人達を見た。

北京ホテルの四階のホールへ上るのに、エレベーターに乗ろうとしたところ、中年の夫婦らしい二人連れと入口でかちあった。その人達は、静かにさアどうぞと、私を先に乗せた。飾り気のない紺の絹の服を着た姿といい、物腰の柔かさといい、声音の澄んだ丸みといい、引きいれられるような人柄である。

ホールでも、テーブルが近くだったので、いやおうなく目にはいったのだったが、椅子についた姿勢、食べる動作、給仕などに対する態度、まことに非のうちどころがない。私は欧米諸国をまわり、ほとんどあらゆる国の、紳士淑女のテーブル・マナーを見てきているが、その夫婦ほど、洗練された、自然な品のよさを備えた人達を見たことはなかった。いまだに、ありありと瞼に残っている。

こんなこともあった。

上海にいったとき、日本を発つ際或るビール会社の人に頼まれたことがあって、むこうの大問屋を訪れた。

汚い仕事着を着たおじいさんが出てきた。主人であった。用件の話を済ませると、その人はいった。

「お帰りになりましたら、どうぞお伝えください。この節のビール箱には、釘のうち方が四、五本ずつ少なくなりました。私の店では釘を回収しているのですが、これで前の値段と同じでは困ります。そうお伝えを願います」

えらいシミッタレたじいさんだなアと思いながら帰った。

その晩、四川省出身の人達の招待を受けたので、四川クラブにいった。立派な人達が玄関まで出迎えてくれた。その中心人物らしい人が、どこかで見たような人だなと思って、近寄ってよく見ると、昼間のおじいさんであった。

打って変った服装、堂々たる身のこなし、至れりつくせりのもてなしぶりだ。また、その招宴たるや、千金を投じた豪華なごちそうであった。

最近の中国は、いってみないので、私にはわからない。だが、五千年の古い文化は、その土に、人々の血に、しみついているはずである。そう何もかも根本から変ってしまったとは思えない。

まことに、底知れぬ国は中国である。

饗宴にうつる歴史の影

紳士の国の皇太子

大正十一年、英国皇太子エドワード・アルバート殿下（プリンス・オヴ・ウェールズ、現在のウィンザー公）御来訪のときの歓迎宴は、質的にいってわが国宮廷料理最高の豪華なものであった。

招待された内外人は合わせて百二十一名、このときの一人当りの実費は酒とも三十円（いまの値段にして約一万五千円）

盟邦大英帝国の皇太子殿下である。しかも、先年バッキンガム宮殿での東宮殿下御招宴をこの目で見ている。そのお返しという気持が、私の胸の底にも深くあった。費用も空前の予算が計上されている。

練りに練った献立で、思う存分に腕を振った。そのときの献立は、大正十一年四月十二日　於豊明殿「晩餐」

前　菜　　同　夜　宴

鼈　清　羹（すっぽんのコンソメ）　清羹碗盛スープ

魴　酒　蒸（まながつおのさかむし）　龍　鰕　冷　製（いせえび）

羊肉煎焼　牛肉燻腿寒天寄

肥育鶏炙焼　雛　鶏　衣　掛

蔬　菜　氷　菓

氷　菓　麵　包

麵　包　果物　洋小菓子

乾酪、牛酪　紅　茶

果物　洋小菓子　珈琲

飲　料

セリー酒　白葡萄酒

赤葡萄酒　シャンパン

ブランデー（コニャック　クランドシャンパーニュ）

アニゼット　ローズ　フォッキング

シャルトルーズ　ヴェルト

平　野　水

プリンスは、それから国内の主なところを巡遊された。日光、横浜、箱根、京都、大津、彦根、岐阜、奈良、大阪、神戸、高松、厳島、江田島、呉、鹿児島など。

私は、ずっとお供をして、お食事のお世話をした。

プリンスは、後に、大英帝国皇帝たる地位を捨てて、シンプソン夫人との恋に生きた方だけあって、とても気軽な、庶民的なところがあった。

日光にいらした時など、人力車にお乗りになったが、たいへん面白がられて、御自分がかじ棒を握り、車夫を乗せて曳いてまわられた。たしかそのおどけた姿を写真にも撮られた。

痩せ型のスラリとした美男子であられた。痩せ型といっても、乗馬、テニス、クリケット、ラグビーなど、いろいろなスポーツで鍛えられただけあって、しんに筋金のはいったという感じの、キビキビしたからだつきであった。

英国の食べものは、まずいというのが定評になっている。あまり手を加えたり、複雑な味をつけたりしないから、さっぱりしているのだ。それで、フランスでは、味のない、さっぱりした料理には、ア・ラングレーズ（イギリス式）という名をつける。たとえば、牛乳の中へ塩を入れて、パン粉をまぜただけの、ごくあっさりしたソース、これをソース・

ア・ラングレーズと呼ぶのたぐいである。

かといって、イギリス人の味覚が低いというのではない。

イギリスでは、せいが高くてスラッとした瘠せ型が、紳士とか、貴族とかいう人のタイプとされている。

デブデブと肥った貴族など、ほとんど見られない。

こういった国柄だから、食べものも、自然さっぱりした、脂肪の少いものへと傾いてきたのである。肉でも、濃厚なソースなどをかけず、焼きっ放しにして、食塩だけで食べる。それでハムとか、ベーコンのような、茹でっ放し、焼きっ放しで食べるようなものが、英国に発達したのである。

とにかく、英国の料理は、肥らないような食べもの——そこから、出ているのである。これは、なるほど宴会料理としてはもの足りないかも知れないが、日常の食べものとしては、飽きがこない。

あじの干物は、料理屋では出さないが、これのうまいのになると、毎日食べても飽きがこない。それと同じことだ。

外国からの賓客は、英国皇太子のほか、英国の皇族グロスター公、ルーマニア皇太子カロル殿下（今の皇帝）、スエーデン皇太子グスタフ・アドルフ同妃両殿下、デンマーク皇太子フレデリック殿下以下四殿下、シャム皇帝、皇后両陛下、フランス特派使節ジョッフル元帥、その他ずいぶんと接伴したり、随伴したが、それぞれのお国風を心得ていることがかんじんで、また日本独特の食味も味わって頂きたいし、献立には心を砕くものである。

さて、英国皇太子は鹿児島を御旅程の最後として、そこから軍艦でお帰りになった。桜島を庭先に眺められる磯浜の島津公別邸で、いよいよお別れするとき、一々握手を賜わった。私の手を握られると、親しげに振って、

「ミスター・アキヤマ、どうもいろいろと有難う。あなたにさしあげるはずの勲章が火事で焼けて、済まないと思います。国へ帰ったら早速送ります」

と、おっしゃった。

柔かい、温かい手だった。

勲章云々というのは、お附きの人やお荷物などの宿であった帝国ホテルの一部が焼けて、お持ちになったお土産などが焼けたという事件があったのだ。

それにしても、誰へのものが焼けたということをちゃんと覚えていられて、御挨拶にもそれをお忘れにならないところ、さすがに、外交、社交の国イギリスのジェントルマンだと、つくづく感服した。

うつりかわる饗宴

宮中賜宴で数的に最高であったのは、昭和八年、皇太子さま御誕生のとき、豊明殿で開かれた祝宴であろう。三日間にわたって招かれた人員は、延べ七千人。これなどは、現在としてはちょっと考えられぬ大宴会であった。

もっとも、数の点からでは――賜宴ではないけれども――私の手がけた饗宴のうちで最大のものは、紀元二千六百年式典の料理であったろう。五万というぼう大な数であった。内閣から頼まれたのだが、これにはちょっと戸惑いした。なんといっても数がケタ外れである。万一、腐敗などのことがあったらたいへんだ。それで、当時糧秣廠におられた川島四郎さん――農学博士で、兵食の研究で有名な人、後の主計少将――に相談にいった。そして、いろいろ智恵を借りて、野戦料理、携帯食糧といったふうのものを作ったわけであった。

そのことから、戦争中は、お正月料理といえば、必らず野戦料理をつくって、差しあげたものである。

戦地の兵隊の食べているものと同じもので、材料は川島さんに提供してもらった。南洋のタロいもをはじめ、現地のものも多かった。味噌は乾燥味噌。野菜も乾燥野菜。

そういったものを、お正月料理として召しあがっておられた。

戦後の賜宴で代表的なものは、昭和二十七年秋、立太子礼のときの祝宴であろう。招かれたもの、延べ千五百名。その献立は、

なます（鯛、みる貝、かつら大根、ぼうふう、花わさび）
温　物（はも、若鶏、ほうれんそうの茶碗むし）
取　肴（日の出かまぼこ、津久根、松風焼、鴨、末広たけのこ）
焼　物（姿焼小鯛、あちゃらきくかぶ、鉄扇たまご）
本じる（白みそ、紅白ひし形真芋、つる菜、生しいたけ）
赤　飯
日本酒

十年に一度あるかなしかという、このような大宴会でも、戦前の御大礼その他の献立にくらべたら、ずいぶん簡略になった。

いわんや、恒例の御陪食は、一般の人々の想像されるのと違って、質素なものである。特に、終戦直後はみじめなもので、昭和二十一年、第一次吉田内閣の午さんの御陪食は、

スープ　鳥　肉　甘　味
果　物　パ　ン

それだけであった。

最近は、少しはましになったが、それでも、国民全体の食生活が上昇した率とは、だいぶん開きがある。

参考までに昨年暮（昭和二十九年十二月二十四日）鳩山内閣閣僚に賜わった御陪食の献立は

一、スープ　紅白ロワイヤール　一、コーヒー　ブランデー

一、魴牛酪煎　かき、わかさぎ　一、パン

一、小鴨蒸焼　白芋　人参　カリフラワー　飲　料

サラド　トマト　ブリコリ　一、赤葡萄酒

一、温　菓　プデング　カルジナール　一、白葡萄酒

一、果　物　メロン　コールマン　富有柿　一、煮　冷　水

こういう献立の控えをめくってゆくと、四十年の国の歴史が、まざまざと影をうつしているのに、無量の感慨を覚えるのである。

食べものの御所言葉

宮中には独特の言葉がある。だんだんと、こういう言葉は使われなくなってきており、大正の半ば以後、特に終戦後はすっかり一般化されてしまったが、こういった文献が他にないようだから、その意味で紹介しておくことにする。なお、一部民間で使われているものも、集録しておいた。

うちまき＝米
およね＝米
おくま＝御供米
ごぜん＝飯（お上の御料）
おばん＝飯（女官の料）
はん＝飯（自分の飯のこと）
ほもじ＝乾飯
こわご＝赤飯（「こわくご」ともいう）

ふきよせ＝かやく御飯にだしのつゆをかけたもの
おふたたき＝二度たきの飯
おゆに＝粥
おゆのした＝焦飯の粥
うすずみ＝そばの粥
おかちん＝餅
おべたべた＝餅に餡をまぶしたもの

おすすり＝お汁粉
御焼がちん＝菱葩（ひしはなびら）
小戴（こいただき）＝円形の餅片に少しの
砂糖なしの小豆餡を盛ったもの
烹雑（ぼうぞう）＝元旦に召しあがるお雑
煮の一種
おあさのもの＝朝召しあがる餅
おひし＝菱餅（「ひしがちん」ともいう）
かきがちん＝かき餅（「おかき」ともいう）
いりいり＝豆入りあられ
そもじ＝そば
ひやぞろ＝冷麦
ぞろ＝そうめん（「ぞろぞろ」ともいう）
おすもじ＝鮨
やわやわ＝萩餅
おまん＝まんじゅう
おせん＝せんべい

おいしいし＝団子
まき＝ちまき
うきうき＝白玉
ちりちり＝麦こがし（「ちりのこ」ともいう）
きいも＝さつまいも
ややいも＝小芋
おひや＝水
おさゆ＝湯
ささ＝酒（「おっこん」「くこん」ともいう）
しろざさ＝白酒（「ねりくこん」「ねりおっこん」ともいう）
おきじ＝雉酒
あまおっこん＝甘酒
しろもの＝塩
むし＝味噌（「おむし」ともいう）
おしたじ＝醤油
おつゆ＝すまし汁

おむしのおつゆ＝味噌汁（「おみおつけ」ともいう）
おこうこ＝漬物
おくもじ＝菜の漬物
こうもふり＝たくあん
すいくもじ＝すぐき
おまわり＝副食物
ひどりもの＝焼きものの総称
おあえのもの＝和物
わりふね＝磨糠（すりぬか）
いと＝納豆
にゃく＝こんにゃく
かべしろもの＝豆腐（「かべ」「おかべ」ともいう）
やきおかべ＝焼豆腐
あげおかべ＝揚豆腐
うのはな＝おから
あか＝小豆
あおもの＝菜
のきしのぶ＝乾菜
おはびろ＝ちさ
からもの＝大根
ごん＝牛蒡
おかぼ＝南瓜
ねもじ＝葱（「ねぶか」「ひともじ」ともいう）
ふたもじ＝にら
にもじ＝にんにく
たけ＝たけのこ
たけのおばん＝たけのこ飯
まつ＝松茸
まつのおばん＝松茸飯
つく＝つくし
わら＝わらび

あんら＝かりん
おまな＝魚
おひら＝鯛
ぐじ＝甘鯛
おかか＝鰹節
おむら＝いわし（「おほそ」ともいう）
あかおまな＝鮭
えもじ＝えび
ゆき＝たら
ながいおまな＝はも
くちほそ＝かます
かざ＝かざめ
しらなみ＝えそ
たもじ＝たこ
さもじ＝さば
ゆかり＝にしん
かずかず＝かずのこ

う＝うなぎ
やまぶき＝ふな
こもじ＝こい
いもじ＝いか
するする＝するめ
こうばい＝このわた
りょうりょう＝いりこ
たづくり＝ごまめ
ややとと＝ちりめんざこ（「じゃも」ともいう）
おなが＝長熨斗
おいた＝かまぼこ
おなま＝なます（「おはま」ともいう）
くろおとり＝雁
しろおとり＝雉
しゅんかん＝深い茶碗
おかぶと＝深い皿

おみはし＝箸
大清（おおぎよ）＝陛下のお品物（食品も含む）
中清（ちゅうぎよ）＝臣下の料
せきもり＝いかき笊
はやす＝食物を細かく刻むこと
なおす＝食物を切ること
わたす＝漬物を切ること
ひどる＝物を焼くこと
したためる＝煮ること
すます＝洗うこと
おすすぎ＝器物を洗うこと

むかしむかしの宮中料理

昔の天皇の料理はどうであったろうか。いろいろな文献をあさってみると、興味の尽きないものがある。

わが国の料理の祖神は、磐鹿六雁命（いわしかむかりのみこと）ということになっている。

第十二代景行天皇の五十三年、房総の地においでになったが、たまたま安房の国の海岸で、ミサゴ——鷹の一種——が飛んでいるのをごらんになって、お供の六雁命に命じて、魚貝を料理せよと命ぜられた。

ミサゴという鳥は、猛禽類の特長として非常に眼がよくきく。高い崖の上にとまっていて、水面を睨んで獲物をさがす。これと狙ったら、一直線に急降下して、その鋭いくちばしと爪とをもって魚の脳をえぐり、一挙に殺してしまう。

それを崖の上の巣に持ち帰って食べるのだが、食べ飽きると、残りの魚に尿をかけて岩の凹みに保存しておく習性がある。ミサゴの尿には、塩分と酸味があって、それが魚の腐敗を防ぐので、自然に醱酵して、酸味を帯びた特殊の味を生じてくる。

たまたまこれを発見した人間が、食べてみると、実にうまい。それで、崖の凹みをさがしては、横領行為——人間の食べものは大なり小なりそうだが——を敢えてするようになった。これがミサゴズシといって、すしの初まりだと称されている。

さて、景行天皇は、ミサゴが円をえがいて飛んでいるのをごらんになって、その下には獲物がいるはずだとお考えになり、六雁命に命令されたわけである。六雁命は直ちに現場にゆき、うむぎ（白蛤—あわびとの説もある—）をとって、ぶつ切りにして天皇にさしあげた。

天皇はいたく喜ばれて、

「今後お前をはじめ、子々孫々にいたるまで、料理を専門として取扱えよ」

と、おっしゃった。

それより前、日本武尊の東征に、専門の料理人が随行した事実はあるが、はっきりとした勅命によって、天皇の大膳職となったのは、六雁命をもって最初とする——というわけである。

そして後世に至るまで、宮中の大膳職は、代々この人の子孫が勤めたのであった。職制の上に大膳職が表われたのは、大宝の律令が制定されたときが最初である。長官が大膳職（おおかしわでのつかさ——その頃は土器の上にかしわの葉を敷き、その上に食物を盛った。または、かしわの葉ばかりを用いることも多かった。ゆえに、料理人のことを「かしわで」と呼んだ——）で、諸国から集まる調（税の一種で、土産工芸品や雑物）をつかさどり、醢菹《かいしょう》（ひしお）、醬豉（しょうゆに似たもの）、未醬（みそ）、肴、菓（果物）、雑餅などをつかさどり、臣下へ賜わる饗宴を取扱う。

その下に、実際に料理をする膳部、醬類をつかさどる主醬、菓子、餅などを扱う主菓餅、鵜飼、網引きなどをする雑供戸がいた。

天皇の召しあがる米、雑穀の類は供御院というものがあって、これを取扱っていた。これらの材料によって、天皇の料理を作るものは、内膳司（うちかしわでのつかさ）の典膳や膳部で、これを奉《ぶ》膳が試食して、さしあげたものである。

ずいぶん複雑な職制であった。これを、現代のものと比較してみよう。

終戦当時までは、大膳寮は宮内省の一部局として独立し、その中に主厨（料理）、主膳（配膳）が含まれていた。

主厨は、主厨長以下、主厨、厨司、厨丁等四十名。

主膳は、陛下の配膳をする主膳監以下、主膳、膳手、膳手補等二十九名。

このうち、一部が大宮、東宮両御所、義宮御殿、呉竹寮に配属されていた。それが、昭和二十二年に宮内省が宮内府となると同時に縮小されて、官房大膳課となり、さらに二十三年四月の大幅の人員整理で、大膳課は解散、料理関係は侍従職に、主膳は管理部用度課に分散所属することになった。

現在は、主厨、主膳それぞれ十五六人の小世帯である。世の移り変りは、ここにもまざまざと影を落としている。

大宝の頃の食品を見ると、調として納めるものには、塩、胡麻、油、荏油（えなあぶら）、猪油、その他の脂類、鮓（すし）の類、黒葛、山薑（はじかみ）、韮（にら）の類、鰹の楚割（そわり—細かく切り、塩にして乾したもの）、あわび、その他の貝類、いか、いりこ、海草類、煮た鰹、鰹の煎汁（いろり）など、山や海のものだけで、鳥獣の肉は見受けられない。仏教の影響であった。

いずれにしても、昔の食品の種類というものは非常に少かったらしい。

宮中料理の献立で記録に残っているものでは、保延二年（十二世紀の半ば）に、内大臣藤原頼長が指揮した宮中の大饗の献立などが、古い方の豪華版であろう。

菓子八種　餅、伏菟（ふと—餅の一種）、大柑子、小柑子、橘、栗、柿、串柿
干物八種　蒸鮑、干鳥、楚割、鯛、鱸、鮭、焼蛸、大海老

生物八種　鯉鮓、鮎並煮、塩鮎、雉子、鱒、鱸、鯛、蛸

となっていて、一応はたいそうな御馳走である。当時としては、おそらく、最高級の饗宴であったろう。

とはいえ、いまの目をもって見れば、材料の範囲は狭く、調理の技術から見ても、簡単なものであった。

なお、当時の宮中の宴会は、中国または西洋料理の方式と似たところがあるのは面白い。台盤の上には、四種器といって、四つの調味料すなわち醬（或いは煎汁）、酢、塩、酒を入れた器をおき、それぞれ自分の好みに応じて、食物にかけて食べた。

また、こうした正式の宴会に於いては、酒も西洋料理の式に似た飲み方をしている。いまの日本の宴会のように、随時自由に飲むのでなく、食前及び料理と料理の間に規則正しく飲んだのである。その一例として——

先ず一献に御盃を進め、二献に盃を進める。アペリティフ（食前酒——ベルモットやカクテル類）というところ。

次に、飯および肴として、うに、ぬかご焼きといったものを出す。

三献にまた盃を勧め、雉子の料理その他が出る。西洋料理に於て、スープが済んだときにセリー酒、肉の料理の後に赤葡萄酒、魚の料理の後に白葡萄酒、サラダの前後にシャンパンを飲むように、また中国の宴会に於て、新しい皿が出る毎に、主客立ちあがって乾盃

するように、やはり、肴を出すたびに盃を進めてゆく。この飯は食べ残してもいいことになっていた。

――後世にもこの風は残っていて、足利義政の時代には、酒の異名を九献と呼んだ。三献を三度重ねるのがめでたいとされ、九献の豪華な宴会がしばしば行われたからである。七五三とは七献、五献、三献を重ねる儀式だった。――江戸時代になって、婚儀の式に三々九度の盃をかわすようになったのも、三献を三度重ねる方式の流れである。

後世のことはともかく、平安朝時代のむかしに、こうした風習のあったことは面白い。なお、その頃、初めに飯を出し、それを食べ残してもよかったというのは、西洋料理に於てパンが最初から出ており、食い残してもよいのと酷似している。

中国の影響があったろうことは、およそ推察できる。その中国にはまた、西域の風習が伝わっているかも知れない。篤志な学者がこういう横の流れを追究されたら、面白いことが無限に発掘されるのではないかと思うのである。

食通・光孝天皇

むかしは、最高の食味は、なんといっても宮中および貴族階級のものだったらしい。「食通」といった人も、平安朝あたりの貴族から、そろそろ現われたのではなかろうか。

「古今著聞集」に、こういう話が出ている。

文治の比、後徳大寺の左大臣におはしける時、徳大寺の亭に作泉をかまへられて、中御門左府へ案内申されければ、渡り給ひけり。その時三条の左府入道は、右大臣中山相国入道が別当にておはしける、おのおの扈従し給ひけり。

亭主手輿（たごし）を用意して、ひとへかりぎぬ著たる侍六人にかかせて、左府の車のもとへ迎に参らせられたりけるに、頻に遁れ申されけれども、あながちに申されければ、乗りて泉へわたり給ひけり。

一条二位の入道《能保》右衛門督にてはべりける、盃酌まうけられる。盃酌数献ありて、行孝めし出されて、縁に候して、鯉きりたり。

左府、行孝にしめし給ひけるは「鯛調備するやうは存知たりとも、食ふやうをばしらじ、食ひて見せん」とて、ものし給ひけり、誠にやうありげにてめでたかりけり。人々目をさまさずといふ事なし、云々。

左大臣が、鯉の食い方はこうするのだと、いかにも故実ありげに食ってみせて、人々がみんな目を見張った有様が、眼前に見えるようで愉快である。

もうひとつ「宇治拾遺物語」に出てくる紀茂経という人にも、いわゆる「通」の一面がほうふつと現われている。

その頃は、お客の前で、主人自ら調理してみせるのも、一つのもてなし方であったが、紀茂経は津の国から贈られた鯛のあらまきを御馳走しようというのに、大鯉を調理するときの方式で、袖をくくり、片膝を立て――

さて俎洗ひて持て参れと声高くいひて、やがて、茂経、今日の庖丁仕らんといひて、真魚箸けづり、鞘なる庖丁抜いて、云々。

とある。そのぎょうぎょうしさが、実に面白い。

ところが、光孝天皇にお仕えした四条中納言藤原山蔭卿となると、これはホンモノの「通」であり、名人であった。

もっとも、光孝天皇という方が、歴代の天皇の中で、随一の料理通であられた。いつも、お自ら手をくだして、煮たきや、焼物をなさったので、お部屋は煙でいぶされて、黒くなっていた。それで、黒戸の宮というあだ名があられたという。

そういうお方の下に、たまたま四条中納言のような名人がいたので、料理法に一つのシステムが作られる機会が生じた。すなわち、勅によって、中納言が料理の法というものを定めた。これがいまも続いている四条流の起りである。

西園寺公望公の舌

後世になって、食味の「通」は、自由な生活のできる庶民の方にうつってきた。現代になっては、村井弦斎さん、木下謙次郎さん、本山荻舟さんというような人は、研究も深いし、自分で手をくだして料理もする。そして、それを筆にして発表することもうまい。文字通り口も八丁、手も八丁の通人であった。

みずからは手もくださず、筆にもしなかったが、世間にはあまねく知れ渡っていた大通が、西園寺公望公であった。第一次欧洲大戦後のパリに於ける平和会議に、全権として派遣されたとき、大阪の灘万の主人をはじめ、数名の料理人を引きつれてゆかれた大名旅行は、あまりにも有名なことである。

西園寺公については、私にもいろいろ思い出がある。

興津の坐漁荘の料理人はずっと京都からきていた。貴族院議員の中川小十郎という男爵——西園寺さんの親戚にあたっていたらしい——が、京都から連れてきて、お世話していた。ところが、なかなか居つかないのである。つぎつぎと、何人も変った。

それで、秘書の原田熊男男爵が私のところへ頼みにきた。私はこれと思う者を世話したが、幸いとてもお気に入ったらしく、老公は非常に喜んでおられた。なにしろ、食べものについては、世にもやかましい人、それも生ま半可な通じゃない、実にデリケートな味覚を持った方であった。

もう、九十近いお年で、部屋の中でも竹の杖をついて歩いておられた。耳は非常にいいのだが、眼の方がいくらかかすんでおられたが、或るとき私にこういわれたことがある。

「秋山。どうも目が悪いと、ものを食べても味がちょっと違うね」

普通の人がいったら、キザにもきこえようし、月並みにもきこえようが、この方の口から出ると、ビリッと来る実感があった。

こういった方に、私の世話した料理人が合格したのだから、実にホッとした気持であった。

ところが、いけない。

しばらく経つと、その男がお暇をいただいて出てしまった。また、原田さんが頼みにきたので、代りを連れていった。これが、またいけない。もう一回世話した。これも、しばらくしたら出てきた。これには、私も業を煮やしてしまった。

西園寺公の料理人としての適格者が、そうそういるものじゃない。しかも、そのほかに難しい条件がいくつもついているのだ。

第一に、新聞記者や雑誌記者などに会ってはいけないこと。(坐漁荘のまわりは、いつ

も新聞記者でいっぱいだった)

第二に、知らない人と、碁・将棋をやってはいけないこと。

第三に、自宅へ、知らない人がお土産なんか届けても、もらってはいけないこと。

といった「べからず」が、いくつもある。元老として、陛下の御相談役のような方であったから、洩らしてならない内部の動きをジャーナリストたちに摑まれないように——というのである。幸い、私の世話した者には、そういう間違いはなかったが、いずれにしても、こんな難しいところへすいせんできるような者には限りがある。

それで、私は肚に据えかねて、興津まで出かけていった。

そして、原田さんに談判した。

私は天皇さまの仕事さえしておればいいのだ。何も料理人の世話なんかしなくていいのだ。一日も暇をつぶして、こういうことをやっているのは、公爵が国家のために大事な人だと思うからのことだ。いったい、どういうわけで、こんなにたびたびダメになるんです——といって問いつめてゆくと、結局は、やかましい女中頭が原因だということがわかってきた。

パリまで連れて行かれた有名な愛妾お花さんは、帰朝後すぐ亡くなり、そのあとがまが、この人だということだった。老公身辺のことは、一切一人でやっていた。

やはり一種の傑物で、老公は非常に信頼を寄せておられたらしく、この人のいうことは何でもよくきいておられた。老公のことに関する限り、われわれが何をきいても絶対に答えない、度外れに忠実な人だった。

その度外れさがいけなかったので、何かにつけて、料理人と衝突するのである。料理人は、自分の腕というものに誇りと信頼を持っているから、なかなか権力に屈しない。とどのつまりは、火花を散らしてしまうのである。

それがわかったから、私は、

「そういうことなら、何べんお世話したっておんなじです。今後ごめんこうむりましょう」

といって断った。

ところが、家令の熊谷という人に、老公が、

「いよいよどうしても料理人がおさまらないようなら、あの女中頭を断ってもいいよ」

と、洩らされたということを聞いたので、それならばというので、もう一回お世話した。これで、ようやく落ち着いた。

その頃は誰しも、その女中頭はお花さんのあとがまだと思っていたものだが、この老公の言葉を聞いて、ハハア何でもないんだな——ということが、私だけにはわかったわけだ。もうずいぶん年月も経ったことだから、発表してもいいだろう。

西園寺公には、しんから恐れ入ったことがある。

義宮さまが、興津の伊藤公の別荘に、おいでになったことがあって、私は御機嫌うかがいに出た。

そのついでに、老公に生きたうなぎをお土産にもっていった。ところが、

「このうなぎは、どこのだ？」

と、訊かれる。

「大和田のです」

「うん、そうか。それじゃ今晩蒲焼にして食べよう」

と、喜んでおられる。

その晩は伊藤公の別荘に泊ったが、翌朝電話がかかってきた。

「秋山、ちょっときてくれ」

と、いわれる。

「何の御用ですか」

と、きいても、

「まア、ちょっときてくれ」

とのこと。何か問題が起ったのかと思って、早速いってみると、

「秋山。あのうなぎはほんとうに大和田のか」

これには、私も弱ってしまった。しかし、この期に及んでは、どうにも仕方がない。

「実は、そうするつもりでいたんですが、時間がなくて、急いだもんですから、河岸で買ったのです」

「そうだろうと思ったよ。土産をもらって、小言をいうのは済まんが、正直にいわなくちゃいかんな」

「どうも、申しわけありません。どこのだとおききになるもんですから、つい、大和田のと申し上げてしまいました。相済みません」

これにはまったく冷汗が出た。頭を掻いてしまった。

河岸で、天然鰻のいいのを吟味して持っていったのに、何という恐ろしい舌であろう。その後、あのような人に会ったことはない。


老公は始終書物を読んでおられた。ドイツの経済の本だとか聞いたこともあるが、とにかく分厚い原書に、じっと読みふけっておられた。

だが、年とられると、やはり身辺がお寂しいらしく、遊んでいけ、遊んでいけと、よく引止められた。或るときは、

「今日は面白いことがあるから、もう少しゆっくりしていけ」

といわれるので、

「何ですか、それは――」

と、きくと、

「女中たちに相撲をとらせるのだ。賞品つきなんだ。ぜひ見て帰れ」

では、というので待っていたが、私がいるので、女力士は誰一人登場しようとしない。

それで、気を利かせて帰った。

御殿場の別荘にいったときも、

「今日はね。あの草ぼうぼうの庭で女中達に自転車競走をさせるのだ。見ていかないか」

「面白いのですか」

「うん。ひっくり返ったりして、面白いぞ」

そういう方だった。


私は銀のシガレット・ケースを老公から頂いたが、なぜそれをくださったのか、いまだにわからない。わかるような気もするが、ほんとうのところはわからない。

或る日、坐漁荘の、例の海の方へつき出た応接間でお話していたときのことだ。

煙草をとり出して、自分でマッチをすって火をつけられた。そして、私に、お前ものめと箱を差し出されたので、一本いただいた。香りの高いキリアジであった。

老公は火のついたマッチを私に渡されたが、もう燃え尽きようとしていた。指先が熱くなってきた。それでも、せっかく渡してくださったのに、捨てるのはエチケットに反するという気持がチラと働いたので、そのまま放さずに煙草に火をつけた。指にやけどをしてしまった。

老公は、黙って見ておられた。何もおっしゃらなかった。

一月ほど経ったら、不意に銀のシガレット・ケースが届けられた。「贈　昭和十一年十二月西園寺公望」と彫ってある。

いつのことか知らないが、老公が側近の人に、秋山は強情な男だな――とおっしゃったことがあると聞いたが、或いはこのシガレット・ケースは、何かそれと関連があるのではないかと思っている。

通といえば、有栖川宮熾仁親王は、当時の西洋料理通であったそうである。熾仁親王と申せば、徳川征討の総督として、西郷隆盛を従えて東くだりをなすった方であるから、わが国のいわゆるハイカラの中でも、最も早い方の一人であったわけである。

いまの甘露寺掌典長に、こういう思い出話がある。

大正天皇がまだ十六、七才でいられた頃、有栖川宮が洋食の食べ方を指導しておられた。甘露寺さんは、西園寺八郎さんなどといっしょに、しばしば同席の栄にあずかったが、或るときえびのサラダが出た。

その尻尾の始末について二人はハタと困ってしまった。西洋料理では、自分の皿に取り分けたものは、全部食べてしまうのが礼儀だと聞いていたからである。甘露寺さんはソッ卜紙に包んでポケットに忍ばせた。あとで八郎さんが、

「君はあのえびのしっぽをどうした？」

ときくから、

「紙に包んで持ってきた」

と答えると、八郎さんは、

「僕は、仕方がないから、食べてしまったよ」

というので、大笑いになってしまった。

サラダのえびのしっぽを食べたというのだから、たいへんな難行苦行だったことだろう。いかにも八郎さんらしいところがほうふつとした、面白い話だ。

明治二十六、七年頃の話である。

終戦前後覚え書

終戦前夜の宮中食生活

私が一生のうちで、いちばんみじめな思いをしたのは、戦争末期から終戦後の被占領時代にかけてであったろう。

陛下の思召しによって絶対にヤミのものを買ってはいけないことになっていたので、食事の材料の乏しさには、ほとほと困ってしまった。

川島四郎さんの紹介で、信州に行って、あのへんでやる乾燥野菜のつくり方を研究し、相当に備蓄をしておいた。その乾燥野菜に乾パンというようなものをさしあげねばならなかった。

陛下はたいそうお痩せになった。食物のせいというより、御心配のためであったとお察しするが、食がお進みにならないのには、実に胸を痛めた。

その頃、軍部に行くと、驚くほどの食料品があった。肉、魚、缶詰、砂糖、味噌、醤油の類はもとより、日本酒、ビール、ウイスキーの類が山ほどあった。下っ端の兵隊は高粱飯に乾燥野菜を食って、ヒョロヒョロしているのに、上層の連中は、御用の料亭で酒池肉林にふけっていた。

役人どもも、上の方の連中は、いろいろなルートから市中にない食品を手に入れて、うまいものにはこと欠かない者が多かった。

そういう状態を見聞きすると、それと宮中のみじめな有様と引き較べて、腹の中が煮えくり返るようであった。

食欲のお進みにならない陛下に、何とかしておいしいものをさしあげたい、栄養のあるものを召しあがって頂きたい。あけくれ考えることはそれだけであった。

栄養のあるものでも、おいしくなければ何にもならない。おいしく召しあがって頂いてこそ御身体につくのである。

だから、調理の苦心というものは、私の一生のうちで、この時代が最大であったと思う。

だが、いくら調理に苦心してみたところで、材料は絶対である。材料がなければ、どうにもならぬ。それで、よほど困ったときには、仕方なく陸軍の糧秣廠にいって、少々のものをもらってきたこともある。もちろん、陸下は御存じないことで、今もって御存じないことと思う。

戦局はいよいよ最終の段階に達した。B二十九の編隊が毎日のように、帝都を襲うようになった。私どもは大膳寮に泊りっきりで、空襲に備えていた。陛下はやはり御文庫にいらした。長野県の山の中へという話もあったが、最後の日まで、御文庫の防空壕においでになったお心のうちをお察しすると、涙を禁ずることはできない。

昭和二十年五月二十五日、ついに皇居は炎上した。

大膳寮から豊明殿は庭つづきである。あの宏壮な宮殿が白と黄と赤の焰を噴き出しているさまは、この世のものとも思われない。貧弱な防火用具と、乏しい人数では、どうすることもできない。ポロポロ泣きながら、見ているよりほかはなかった。

三日三晩ぐらいは燃えつづけるだろうと思っていたのが、二、三時間ですっかり焼け落ちてしまった。あとには、礎石と、焼け釘が残っているだけであった。総檜造りで、屋根もあかがね葺だったので、すべてが溶けて灰になってしまったのであった。

それから、艦載機がやってくるようになった。繰返し、繰返し、しつこくやってくる。それが大膳寮の屋根をすれすれに飛び過ぎる。乗っている者の顔もよく見える。ニヤニヤ笑っている。しゃくにさわるやら、くやしいやらで、涙が出て仕方がなかった。

いったい陛下はどうなられるのだろう——それればかり考えていた。敗戦は既に明らかだ。それから先は、どうおなりになるのだろう——ひとすじののぞみも、はかないもので、ただ目の前が真暗になる心持であった。

禿頭のキスマーク

しかし、私自身についていえば、ほんとうにみじめな思いをしたのは、終戦後である。アメリカ軍が進駐してきた。それを見て、私はこう思った。

われわれは檻の中にはいったようなものだ。こうして自由に歩きまわってはいても、日本全土が大きな檻なんだ。マッカーサーが潰そうと思えば、潰せる国なんだ。国が可愛ければ、彼らのいうことを聞かなくちゃなるまい。特に、皇室に対する彼らの考えを好転させるには、彼らにすがらなければならない。そう考えた。

ところが、うってつけの機会ができてきた。

宮内省には、鴨猟の猟場が、越ケ谷、新浜と二つある。

これは独特のやり方の猟で、広い池に浮んでいる鴨の群を、かねて訓練してある家鴨をおとりに使って、狭い掘割りに導くのである。その出口の所には、こんもりした竹藪がある。竹藪の尽きた所に、柄のついた大きな網をかまえて待つ。藪の茂みの水路から明るみ出た鴨が、人に驚いて飛び立つところを、網ですくうのである。

終戦連絡部の人達が仲に立って、むこうの高官達を、この鴨猟に招待した。すると、とても気に入ってしまって、われもわれもと申込が殺到するようになった。

鴨猟はそう簡単にできないもので、従来はシーズンになってから、せいぜい一月に二回ぐらいしかやらなかったが、こう申込が多くては、とても捌きれない。無理をして毎週土曜、日曜にやった。

一回に何十人という人数がやってくる。そして、とった鴨をすぐこしらえて、醬油をかけて鉄板で焼いて食べる。アメリカ人達はこれを非常に喜んだ。私も毎回出席して接伴に当った。ここで、たくさんの知己ができた。

私は、生来のかんしゃく持ちも、負けず嫌いも、自尊心も、恥も、なにもかも一擲した。たいこもちになった。

この人ならばと思う人には、翌日鴨を持っていって、御機嫌をうかがった。料理人、ハウスキーパー、洗濯屋などの世話も、いろいろとまめにしてやった。

いちばん、やりきれない思いをしたのは、ウィットニー少将の場合である。

私の世話した料理人が、奥さんと喧嘩して出てしまった。それで、私にすぐこいというのである。いってみると、奥さんがイライラしている。

「あのコックが、いなくなった。代りのものをすぐ連れてきなさい」

「すぐって、そう簡単にいるものではないですよ」

というと、

「じゃ、前のコックを呼んできなさい」

仕方がないから、そいつの家にいって、なだめすかしてみたが、どうしてもいうことをきかない。

仕方なく、ウィットニーの家へいって、その旨を報告すると、奥さんは威丈高になって、「私達は、お前の国の仕事をするためにきているのです。お前の国を助けるために、仕事をしているのです。その私達に、食事をさせないのですか。食事をしなければ仕事はできません。これは日本の運命にかかわることです」

コックの世話をしないことが、日本の運命にかかわるとは、とんだ春秋の筆法だが、その頃の私の胸には、その言葉はドキンときた。それで、万止むを得ず、大膳の料理人を一人、十日ばかりつなぎにやって、その間に代りをみつけたものである。

日本人の誰に、こういうことをやったことがあるか。

春が近くなって、鴨がだんだんいなくなると、下総の御料牧場に招待する。

上野の駅にいってみると、元のお召列車を改造している。顔を背けたくなる。それに自動車まで積んでゆくのだ。私たちも、一緒に乗ってゆくのだが、いまおれは囚人なんだぞ、日本という国が囚人なんだぞ――ということを思い出しては、自分に言い聞かさなければ、やりきれたものではない。

アイケルバーカー中将なんぞは、飛行機で直接三里塚までやってくる。牧場では、乗馬をさせたり、桜を見せたり、最後にはジンギスカン料理でもてなすのである。

夏になると、長良川の鮎漁、これも彼らを非常に喜ばせた。

鴨猟には、夫人連もやって来て、いっしょにすき焼きをし、酒を飲む。

こちらを酔わせようというので、乾杯々々を繰返す。相手変れど、主変らず、そうそう飲めるものではない。水道のところへいって、のどに手を突込んでもどして、また、乾杯々々に応ずるのであった。

そのうち、夫人達が、

「ヘーイ、マイ、ボーイ」

とかなんとか呼びながら、抱きついてきて、私の禿頭にキッスをする。そして、ベタベタといくつもキッス・マークをつけて、キャアキャアと大騒ぎする。

それぱかりか、ハンドバッグから口紅の棒を出して、私の頭の上に日の丸を書くのだ。

これには、押し殺していたかんしゃくが、ムラムラと咽喉のところまでこみ上げてきたが、グッとのみ込んだ。

こうした接伴だけでなく、私は個人としても、いろいろと気を配った。

マッカーサー司令官の誕生日のときには、必ず、テーブルに盆景をつくっておいてきた。

珍しいものがあると持っていった。令息がスキーで足を折ったと聞くと、聖路加病院に花を持ってお見舞いにいったり、お会式の万燈を欲しがっていると聞くと、西沢笛畝さんに絵を描いてもらって届けたりした。

誰が病気だ、誰の誕生日だ、と聞くと、盆栽を届けたり、花を贈ったりした。

こういうことも、役人の乏しい財布では、そうそうつづくものではない。あとになったら、古道具屋にいって、できのいい雛人形の揃いを買ってきた。そして、きものの破れたところや顔の汚れなんかを直して、一つずつ綺麗に包んで、贈りものにした。とても喜ばれた。その残りが、いまでも私の部屋にある。

大映の永田雅一さんが、私のこうした苦心を見兼ねたものか、クリスマスの少し前に、立派な羽子板を届けてくれたことがあった。何の理由もいわずに、使いのものが持ってきた。包みを開けてみると、大きな押絵の羽子板が五板はいっている。

これはきれいだなア、と思いながら見てゆくと、その一つにプライス・カードが取り忘れてあった。

はは ア、三百円か——と呟くと、傍にいた者が、主厨長何をいってるんですか、そりゃ三千円ですよ——という。そうか、そんな高いもんか、そいじゃ、誰か偉い人に贈れということなんだろう——というので、マッカーサー司令官、アイケルバーカー中将、ウィロビー少将、ウィットニー少将、ベーカー少将の五人に、クリスマス・プレゼントとして贈った。

こういうことも、サンフランシスコに於ける講和条約調印の日を最後として、ピッタリやめた。私の一生のうちで最も屈辱的な時代であった。陛下のおっしゃることなら、絶対になんでもきくが、その他の人のいうことは、きくべきことしかきかぬと、誰にでもそういっている私が、太鼓もち同様のことをやった――しかし、これは自らすすんでやったことで、それには自分で納得できる理由があってのことだから、当時こそ腹が煮えかえるようなこともあったが、いま思い出してみて、決して恥とは思わない。

アメリカは味覚の四等国

アメリカ人には不思議なところがある。

魚河岸の人が笑っていたが、ピチピチした鮮魚を軍に納入すると、衛生的によくないというので、キャンセルを食ってしまう。冷凍魚を持って来いというのである。同じ魚で冷凍したものといっても、おいそれとありはしないから、持ち帰った魚を一たん冷凍して、再び納める。すると問題なくＯＫになる。買入れ価格も、鮮魚と変りはないという。

魚のうまさのポイントは十中の九まで新鮮さにある。新しいものなら、鱒でもうまい。東京で食べる目の赤くなった鰊はまずいが、北海道の漁場で食べると、頰が落ちそうだ。

日本人は、誰でもこれを知っている。「生きがいい」ということを、魚を買うときの第一条件にしている。その上に、鯛は明石だ、蟹は金沢だ、鮭は北上川の鼻まがりだと、舌頭三寸のデリケートさを持っている。

だから、日本では冷凍が発達していない。また、その必要もないのである。ところが文明国でいらっしゃるアメリカさん達は、味の落ちた冷凍ものでなくては承知しない。不思議だ。

アメリカを旅行して、閉口するのは、食べもののまずいことだ。そして、どこへいっても、同じような料理が出てくることである。東部から西部までえんえん何千哩の間、えんえんとしてハンバグ・ステーキであり、えんえんとしてロースト・ビーフである。それを、アメリカ人達は何の不満もなく食っている。

家庭でも、コールミートのかんづめに、アスパラガスのかんづめに、ソーセージのかんづめに、トマトジュースのかんづめで、美味そうにパクついている。

忙がしいのだ。食事を楽しむより、働くのに必要なカロリーを補給しているのだ。極端にいえば、ボイラーに石炭をほうり込んでいるのだ。

だから、食べ方もおのずから違っている。欧州風の食べ方は、右手にナイフを持ち、左手にフォークを持ち、ひときれ切っては、左手のフォークで口へ運ぶ。これは誰しも知っていること。アメリカ人は初めに全部切ってしまう。そして右手にフォークを持って食べる。どんなえらい人でもこれをやっている。

牛までが、アメリカの牛と日本の牛とは違っている。

アメリカのは規格生産。ステーキを取る牛か、ステュー・ミートを取る牛か、初めからそれが分かれている。

大きさが揃っている。まるで鋳型にはめてうち出したようである。だから、一ぴきの牛から一ポンドのテーボン・ステーキが何枚とれるとピタッときまっている。その点見事なものだ。

この規格性がいちばん大切で、味は二の次であること、冷凍魚の場合と同然だ。だから、アメリカ人がやってきてから、群馬県あたりの去勢牛飼育の盛んなところが、たいそう景気がよくなった。

肉のいちばんうまいのは牝、次は去勢牛、いちばんまずいのが牡、ところがその去勢牛はだいたいスタイルが揃うので、アメリカさんの気に入ったわけだ。

敗戦以来、わが国の洋食が非常に混乱してきたのは、滔々たるアメリカ的味覚の横行のおかげである。これもまた、時勢の一つの流れではあろう。しかし敗けたからとて、世界に誇る日本の味覚まで鈍らせてしまうことはない。料理人は、ここいらで自覚しなければなるまい。

或るところで、アメリカ人は味痴だという話が盛んに出ていたら、いや、近頃はフランスの上手なコックがどんどんニューヨークあたりへ招かれているそうですよ、彼らも味に目覚めた証拠じゃないですか——といった人があった。

そうではないと私は思う。フランスは目下不景気なのだ。おいしい、ぜいたくな料理どころじゃないという気分だ。材料だって、ずいぶん落ちていると、最近むこうから帰った人は口を揃えていっている。腕のいいコックにとっては、つまらないし、金にもならない。そこで、都落ちをするわけだ。

アメリカの金力と、デモクラシーの魅力は、あらゆる職業、階層の一流人を、世界中から吸い寄せる。学者、音楽家、俳優、スポーツマン等々。

だから、パリの料理人たちが流れてゆくのも不思議はない。そのために、アメリカ人達の味覚が向上すれば、もっけの幸いだ。彼らの持つ多くの優れたものに、ひとつの異質なプラスをすることになろう。

しかし、果して結果はどうであろうか。やっぱり、全国どこへいっても同じ恰好をしたキャフェテリヤの窓口から、同じ大きさと、同じ味のハンバグ・ステーキを取り出してパクツク方が、気安くて、時間がかからずにいい——ということになるのではなかろうか。

日本の美味

芸術作品・日本の牛

日本の牛肉は世界一だ。ひいき目でも、何でもない。

アメリカ人達がやってきたとき、それこそ腰を抜かしたのは、牛肉のうまさであった。彼らは、東京の街では肥え車をひき、田舎のたんぼでは尻を叩かれて鋤をひっぱっている牛の、働けなくなったものを食わされるものと思った。ところが、意外にも、自国のものより遥かにうまい、トロリとした舌ざわりの、柔かい肉を食べさせられたので、びっくりしたわけだ。

それも、そのはずだ。アメリカの牛肉とは、氏も違えば育ちもまるっきり違う。

肉のおいしいのは和牛。純粋なものは、佐渡あたりに五、六頭しか残っていない。天然記念物みたいなものだ。仔牛ぐらいの大きさで、かいばばかり食って、大きくはならず、気が荒くて、扱いにくい。それで、西洋種の牛とかけ合わせて、柄を大きくし、気質もおとなしくしたのが、いまの日本牛である。

さて、育て方だが、外国は放牧だ。主として牧草を食い、荒々しい自然の中で育っている。そして、肉牛は必ず去勢してしまう。日本の牛はそうじゃない。近江、伊勢あたりにゆくと、牛は子供より可愛がられている。食事だって、まず牛にかいばをやらないことには、人間達は食べない。主人の居間の次の間が牛小屋で、暑いときには蚊取線香を一晩中たいてやり、寒いといっては、隙間風のはいらぬように戸の内側にむしろを垂らしてやり、小屋のうちは、ほどほどの薄暗さにして、刺戟を少くすることに気を配る。

牛は非常に敏感な動物だ。見かけは鈍重そうだが、馬なんぞより神経質だ。強い刺戟を受けると、てきめんに肉質が落ちてしまう。

もっとも、伊勢松阪の牛だとか、江州の牛だとかいっても、生まれるとからここで育ったのではない。生まれは、兵庫、岡山、鳥取、島根あたり、ここで仔牛の時代を送る。人間の教育だって、幼児を保育することのうまい人もあり、大学生を教えることのうまい人もあるように、牛にもそれがある。

但馬、丹波、美作あたりの草の多い所で、仔牛育てのうまい人達の手にかかって柄をつくられた中牛が、近江、伊勢あたりの、水のよい、米どころへ買われてきて、ここの中牛育ての名人たちの手にかかるのだ。おらは米糠を何俵、ふすまを何俵、麦を何俵食わせる——といったそれぞれの秘伝を持ち、たまには白米も食わせ、一日一回は全身をマッサージしてやる。

こうして、脂肪を肉の中へ交ぜ込んで、初めて、シモフリができてくる。シモフリなんて肉は、世界中ほとんどない。

これは、すきやき及びそれに準じたかたちの料理のために、手工芸的に作り上げた牛肉のことで、一級品中の一級品である。それほどに手をかけないものでも、日本の牛肉は自慢するに足るものである。宮崎へんで生まれて中牛になって、東海道筋へ移ったもの、山口あたりのものなど、次善の品といっていい。

屠殺の方法もまた違う。アメリカのは電気でやる。日本のはハンマーでやる。詳しいことを書くと、食欲をなくされると困るから省くが、一時芝浦の屠殺場でも、電気を使ったことがあったけれども、この方法では脱血が充分にできず肉にまじり込むために、味がグッと落ちた。それで、もとへ返った。

豚のうまいのは、何といっても中国だ。次は英国か。

中国の在来種は、鼻がとがって、猪に近い。むこうでは豚のことを猪といい、日本の猪を野猪という。

中国の豚のうまさは皮にある。丸焼きにしても、皮が柔かになって、何ともいえぬ味がある。

鼻から四肢、尻尾までついた豚の仔が、亀のように平べったくうつぶせになった恰好で、大皿に盛られて出てくる。皮には、縦横に庖丁が入れてあり、一片がちょうど京都の八つ橋ぐらいの大きさの長方形になっている。

この料理では、主賓にまず鼻の先をすすめるのが礼とされている。鼻だけでなく、四肢の先や尻尾のように、末の方を上客にすすめる。つまり、うまいからだ。コリコリして、噛みしめると、えもいわれぬ味が浸み出してくる。

背中の皮でも、適当な柔かさと、適当な歯ごたえを持っていて、中国独特の醬と生葱を添えて食べると、淡白の中にも、いかにも中国のものらしいコクがあって、思わず二枚、三枚と食ってしまう。下の肉などには、とても手を出す気になれない。肉だって、食べてみると、いい風味を持っているのだが――

本場というものはおそろしいものだ。日本の豚は、どうしてもこれほど皮が柔かにならぬ。しかし、日本の豚もよくなった。アメリカの豚に匹敵するかしないかという線までになった。けれども、ひとつ残念なことに、漁村からきた豚の肉に魚臭があり、一部農山村からきたものに、蛹の臭のすることがある。普通の人にはわからないが、デリケートな人にはピンとくる。それも、魚臭の方は日本人にはほとんどわからない。外国人は日常あまり魚を食べないので、この臭には敏感である。日本臭と呼んでいて、ベーコンやハムからでも、それを嗅ぎわける。

だから、外国人相手の食べものを作る人は、よほど気をつけないといけない。これは、枝肉（えだにく――屠体のこと）を見ればすぐわかる。魚を食べたものは、肉の色が黄色味を帯び、蚕糞を食べたものは黒味がかっている。

料理の修業は鼻の修業

味の好みにも、民族的なひとつの傾向があるにはあるけれども、どちらかといえば、個人差の強いものである。ところが、匂いに対する感覚となると、これはもっと深い本能から出ているらしくて、おおかた決定的なものがある。

日本人はヨーロッパ人のわきがや、朝鮮人のにんにく臭に辟易するが、むこうの人同志では何でもない。食べものの匂いがそうで、日本の年寄りたちは、チーズの匂いには横を向き、外国人は日本のたくあんには鼻を抑える。しょっつるにしても、くさやの干物にしても、たいていは閉口する。ところが、こうした醗酵による食品は、その土地の人にとっては何物にもかえがたい魅力である。

広東の南に中山県というところがある。孫中山（逸仙）の出生地である。ここの名産にゴカイの塩辛がある。日本で魚釣りの餌にするあいつだ。あれを塩漬けにした、しょっつるのようなもので、お惣菜料理の調味料として、あのへんの人達の大好物だ。

その臭いたるや、日本人にとっては、まさに鼻の曲りそうな猛烈なものなのだ。たくあんやしょっつるの比ではない。ほらを吹けば、一壺よく一里四方に臭うとでもいいたくなる。ところが、食べ慣れてみると、逆に、食欲を唆ること絶大で、毎日それがないとさびしくて仕方がないのである。

他国の食の醍醐味を得んと欲せば、醱酵食品をものにせよ――といいたい。むつかしいことだが、真の美味追求の徒は、鼻をつまんで虎穴に入ることだ。

反対の立場を考えるとき、一般の外国人をもてなすのには、よほどこの匂いというものに注意をしなければならない。日本臭のあるものを無理におしつけるようなことがあってはならない。味は、少々の好みの相違ぐらい我慢できても、匂いだけは我慢できないからだ。

料理のいちばん奥儀は何だろう――ということになれば、やっぱり香りであろう。殊に、フランス料理は香りだ。材料の香り、補助味の香り、調味料の香り、香料の香り、そういったものが、渾然となって、味及び色彩と共に一つの交響楽をつくりあげる、これがフランス料理の芸術たるゆえんだ。

だから、料理の修業は鼻の修業といってもよい。

庖丁に異臭があってはならぬし、鍋に他の臭いが残っていてはならぬ。手の清潔はもちろんのこと、極端にいえば心の怒りが体臭となって発散するかも知れぬ。匂いというものについては、それぐらい細心にならねばならぬ。

女の匂いで、このことはよくわかる。向いあって坐っていても、寂しい気持でいるか、嬉しい気持でいるかがすぐわかる。恥ずかしいときの匂も違う。心が燃え立っているようなときには、その匂いは強く、高く、こちらの胸をそそるように匂ってくる。

匂いは、おおむね温かいものからでないと発散しない。その点、日本料理は静か過ぎる。わずかに焼物や吸いものぐらいから、淡々たる香りが立ちのぼっているだけで、あとは、ひっそりと静まりかえった感じだ。その代り、見た目の美しさは、世界随一だが――

中国料理も匂いの料理だ。しかし、これはちょっと強烈すぎるし、また単調でもある。

私は、役所の厨房に一歩はいれば、その匂いで、誰が何をやっているかがすぐわかる。何か失敗したな、ということもすぐわかる。

だが、年のせいか、近頃少しこの感覚が衰えたのではないかと、寂しく思うことがある。

とにかく、料理を専門にする人は、鼻を大切にしなければならない。風邪もひかないように気をつけることだ。また、歯を大切にすることだ。入れ歯をするようになると、味に対する感覚がガクンと落ちる。

作る側ばかりではない。食べる方でもそうだ。特においしい御馳走を賞味する機会があるときは、風邪をひかぬように前々から気をつけること。年とっても、おいしいものを食べたい人は、若いときから歯を大切にすること。ぜひ、おすすめしたい。

苔がつくる鮎の味

魚の種類の多いことも、味のいいことも、日本は世界一であろう。それも、日本国中のあらゆる魚介類が東京に集まってくるから、現在の東京人は、いながらにして全国の本場ものを味わえるわけである。

水産物の処理や、交通の発達の今日ほどでなかった以前の魚河岸では、シケでもあると、一日何も売るものがないということがしばしばあった。――これは魚ではないが、明治年間青果市場が神田の大根河岸にあった頃は、売る野菜がなくて、子供のシャブるあの肉桂を売る日もあったそうで、今にして思えば嘘みたいな話だ――。現在では、東京の人口は、全国の一割足らずであるのに、全国の魚介類の水揚高の二割以上が魚河岸に入荷してくる。もっとも東京人の消費ばかりではないのだが――

けれども、天の配剤はうまくしたもので、東京人は鮮度の高いものには、なかなかお目にかかれない。そこで、旅の先々でうまい魚介類を味わうことが、楽しみのひとつになるわけだ。

本場を知り、シュンを知ることが、魚をうまく食べるコツであることはいうまでもないが、本場といい、シュンといい、結局は餌の問題と産卵期の問題、それはつまり、肉の脂肪の問題におちつく。

明石鯛のうまさは、瀬戸うちには餌が豊富にあるからだ。特に、三四月頃は、産卵期を前にして、脂肪がのりきっている。鱗にも輝くばかりの光沢があり、桜鯛の名にふさわしい。しかも、関西の業者は獲れた鯛の処理がうまい。シメルといって、手かぎをその脳髄にうち込んで即死させてしまうのである。そうすると、鯛の身は柔かなままで長時間鮮度を保つことができる。自然に放置したのでは、魚は苦しみつつ死んでゆくので、内臓も何もつかれ切って、魚体は硬直し、早く腐敗を始める。

鮎でも同様、餌によってシュンがきまる。土用に入ってからがうまい。その前には動物性の餌をたべているから、香りもなければ、味も大味である。土用の頃になると、清流の岩についた水苔のみを食べ、その植物性の脂肪が、八月の産卵期を前にして全身にのってくるからである。しかも、腸は岩苔によって、えもいわれぬ渋味を生じてくる。これが鮎の真骨頂である。

前に書いた「ミサゴズシ」も、他の魚ではそれほどの味ではないが、ミサゴが鮎を捕えてつくったものは、腸の香気と渋味が加わって、天下の絶品となるのである。

ついでだが、鮎のうるかは下り鮎の腸の塩辛（真子は子ばかりのうるか）で、十一月中旬以後、それから正月頃が一番うまい。その前と、花時からあとは、通は食べない。

まぐろ、また然りである。冬至に入ってから、三陸方面でとれる本まぐろは、栄養の多いアミを食べているので、最上。刺身にしても何にしても頰が落ちる。ただし、卸値が貫五千円ぐらいもする。（まぐろと称するものは貫百円からある）

こう考えてゆくと、魚をうまく食べるのも、また難いかな、ということになる。要は、面倒くさがらずに、魚屋さんにシュンと鮮度をたずねることだ。それに答えられるような経験の深い、正直な魚屋さんを選ぶことだ。

魚河岸というところは、一風変っていて、お客に値をつけさせるところだ。

「いくらで持ってくかい？」

と、くる。だから、素人がウッカリ行ったのでは、買い被ってしまう。ぐずぐずしてた日には、魚の尻尾をぶっつけられたり、水をひっかけられたりする。

あんまり、値切っていると、

「ええい、この泥棒野郎。くれてやらア。持ってけ」

と、やられる。そのときは、もらってくればいい。ただし、なぐられる覚悟があれば――。

高級料理屋の主人や、板前は、懐手をして買いつけていい。高く売りつけられても、いい品でさえあればよく、それだけお客からとれるからである。

が、小売の魚屋はそうはいかない。家庭のお惣菜の材料をむやみに高い値では売れない。いきおい、仕入れに苦心をする。子供のときからオヤジの後にくっついていって、仕入れのコツを覚えるのである。だから、以前は、魚屋は代々息子があとをついだものだ。

戦後の混乱時代に素人の魚屋がふえて、相場はつり上げるし——と、玄人の商売人たちは嘆いているが、家庭の人が、昨日や今日転業したような魚屋から買って、本場のうまい魚を食べようというのは、まあ宝くじだと思っていい。

魚の値段は魚屋が一方的に決めるものだ。それは大体鮮度による。だから、あっちの店では百匁百円なのに、こっちの店では八十円だから、こっちにしようという具合にはいかない。今日はこの店で買い、明日はあの店で買うということも、やらないものだ。一般の家庭では、一軒の魚屋を出入りに決めてしまう。だから、魚屋の選定こそは、慎重を要するわけである。

いったん決めたら、奥さんも、たまには主人も、よくその店にいって、いろいろと謙虚に質問し、専門の知識を吸収することだ。そうすると、魚屋も人情として特にいいものを選んでくれるようになるものだ。

これは魚ばかりでなく、肉にも、鳥にも、野菜にも応用できる、家庭仕入れのコツである。

酒で洗った酒樽

酒ほど、戦前と変ったものはあるまい。

等級別と公定価格に、ピタリと抑えられて、吟醸をきそいあったむかしのおもかげは、かすかなものになってしまった。

そのかすかなものが、灘、伏見、西条あたりの酒蔵の棟と棟との間に、かげろうのようにたゆたっている。一般の口にはいることはないけれども、まだ存在していることはたしかだ。そのかげろうのようなものがある限り、まだ希望が持てる。

うまい酒、何といっても天の美禄であり、上戸にとっては生き甲斐である。

うまい酒、それはいったいどんなものか。利き酒のやり方で、追求してみよう。

まず利き猪口に、トロントロンと注ぐ。それを目の前に持ってきて、ジッと「冴え」を見る。文字通り色の冴えである。猪口の底には、必ず藍色の渦巻きが染めつけてある。その藍色と白の背景の差による酒の色を見るのである。

むかしの酒はやや濃く、いまの酒は淡い黄色。いい酒には、そこに、何ともいえぬキラリとした光りがある。それが「冴え」である。

次に「引込み」。香りをきくのだ。猪口を顔の左前に持ってゆき、静かに鼻の前を右の方へ移動させる。人によっては正面からスーッと鼻の下へ持ってくる人もある。そして、瞬間に嗅覚を刺戟する香りを利く。

香りにも、いろいろある。

「吟醸香《ぎんじょうか》」これは、表現し難い微妙なものだが、いってみれば、どれぐらいにつき減りさせた米で、どれぐらいの精度をもって吟醸したか、その高貴性を探り出すのだ。

悪い香は、もとよりここで浄玻璃の鏡にかけられてしまう。名人の鼻にかかれば、桶の洗いが悪かったナということまで、嗅ぎ出されてしまう。

「あんよが危い」のも、ピンとくる。くさりかかっていることだ。これは酒屋の生命線で、安いけどいい酒だなと惚れ込んで、仕入れたはいいが、五六日たったらドッと腐ったとなるとたいへんだ。これは実にデリケートなカンで、相当年季を入れても、わからぬことが多い。

「瓶香」瓶詰で棚ざらしになったものの香り。ひなたくさい。他の匂いにたとえれば、手の甲につばきをひっかけてこすった、あの臭い。

「冷香」くさった酒の臭い。ほんとうは「例香」と書くのだそうだ。例の香りだというのだが——。

次に「口中」といって、いよいよ口に入れる。

そして、オチョボ口をして、舌の上で酒を転がす。名人がやると、コロコロと、玉を転ばすような、いい音を発する。

それから、チュッと吐き出すのである。利き酒をする場合は、たいてい溜おけが用意してあって、青々とした杉っ葉が入れてある。それへ向けて、一間ばかりをチュッと飛ばす。慣れた人がやると、糸をひくように、桶の中へ飛び込むから見事なものだ。

これだけの動作のうちに「味」と「力」を見る。「力」とは、強さである。早くいえばアルコールの度である。

次に「のどこし」を利く。

「口中」の酒が、ほんの少し残ったのを、呑み込んで、のどを通る具合を見るのである。「口中」で、これは口当りがいいなと思った酒でも、なんとなく咽喉にひっかかるような感じを持った酒もある。

次ぎに利くのは「柄」である。

これこそ、曰く言い難きもの。品である。人柄の「柄」である。争われぬもので、灘、伏見などのものには、えも言われぬ品位があり、地酒は、どんなに味がよく、香りがよくても、どうしたものか品がない。

樽の吟味がまた難しい。

最高の樽材は、大和の山奥の吉野杉。それも、日当りが悪くもなし、良過ぎもしない、ほどよい場所に生えた、四十年ぐらいのもの。

これを伐るのにも、一ぺんには伐らない。皮の一部を残して倒しておく。この部分を通じて杉の生命は細々とつながれている。こうして暫くおいてから、いよいよ挽いて樽材にする。

樽にも、「赤味」「白太」「甲附」と、三階級がある。杉の木の中心の赤い部分で作ったのが「赤味」で、並もの。酒に色がつき過ぎ、香りの品も「白太」「甲附」に及ばない。外まわりの白い部分で作ったのが「白太」、これが上もの。ただし、酒の色が、淡々とし過ぎる。

「甲附」とは、赤味と白太の境い目のところを材にしたもの。白太の内側にひと皮だけ赤味の層がある。だから、樽の外側から見れば白く、内側から見れば赤い。これが最上である。一本の木から、一樽しかできない。

「甲附」になると、できた新樽を洗うのに、水では洗わない。菊正を入れる樽ならば菊正、桜正を入れる樽ならば桜正、月桂冠を入れる樽ならば月桂冠、その酒で洗う。約一升の酒を入れて、慣れた手つき腰つきで樽をゆすぶり、パッとあける。

こうしてできた「甲附新樽」に、芳醇な銘酒が盛られ、熊野灘から遠州灘を揺られ揺られてくるうちに、酒がこなれてうまくなる。その加減がむずかしいので、あまり揺られ過ぎると、味はまた落ちる。

だから、昔新川堀に軒を並べていた酒問屋では、上方から船が出たとなると、先物取引をするのに、屋根の上に登って天気模様を見ては、値を決めたものだそうだ。

こういう話を私にしてくれるのは「ぬり彦」の中沢彦一君で、この家は享保二年からの酒問屋。当主の彦一君も、オギャアと泣いたときから、酒の気を吸ってきているので、昔なつかしい時代の酒屋さんの雰囲気を身につけている。

——私の祖父の頃までは、新川堀のあたりに酒問屋がビッシリ並んでいたもので、小売屋さんが仕入れにくると、一軒々々片端から利き酒をしては値を聞いて廻り、ひと廻りして、元へもどると、もう値が変っていたものだそうです。船がはいるとか、はいったとか、そういった気配で、相場がすぐ違うのです——

——いまの酒屋さんは、煙草や切手を売っているようなものですが、昔の人は自分の鼻と舌で酒のよし悪しを見定めて、値を決め、取り引きしてくるのですから、真剣勝負です。なにしろ、同じ銘柄で、同じ蔵から出たものでも、先月はいった荷と、今月のとは違ってくるし、厳密にいえば、一樽々々に違いがあるのです。

それで、必ず利き酒をしてから仕入れるのですが、広い間口の店に一間おきぐらいに利き猪口を並べた台がおいてあり、番頭が一人ずつ附いています。正面には、酒樽が何十となく並んでいるのです。お客が、おい、あの樽を見せてくんな——といえば、番頭は、腰にさした一本錐で樽の鏡に穴を開け、弁というものをさし込んで、猪口に酒を注いでくる。

それを、利き酒してピュッと吐き出して、この酒いくらだい？——番頭は大きな算盤を斜めにして、パチパチと入れて、チャッと消す。といった取引風景だったそうです。

私の若い頃までは、おやじが毎朝、前日はいった荷の利き酒をやっていました。一合びんに入れたものを何本も何本も並べて、これは柄がいいナとか、これはのどこしがよくないナとか即座に判断していました。少しずつは、腹の中に入るので、朝からポーッといい色になっていたものですよ。

鑑定はたしかなものでした。これはあんよが危いよ——といわれて、私が利き酒してみるとちっともその気が感じられないので、大丈夫じゃないですかといっても、危いと断言します。その通りでした。何ともなかったのが、五六日でドカッと腐ってしまいました。

——祖父の頃までは、上州あたりの酒が荷足船で大川をくだってくると、千住の大橋の上で新川の酒問屋の小僧が待っていたものだそうです。荷を出したという知らせは、前もって飛脚が届けてくれているのですが、実際に何の酒が何樽はいってくるというのは、船頭の持っている送り状で確かめなければなりません。それで、オウイ、「ぬり彦」の船かア——そうだヨウ——といったわけで、船頭が竿の先に送り状を挟んでさしあげる。それを橋の上で受取ると、新川まで三里の道を一散走りです。そして、すぐ、仕入れにきた小売屋さんたちとの取引が始まるといった具合で、昔は昔なりに、機敏な商売をしたものですね。——

──船が新川堀につきます。川っぷちにはずっと白壁の蔵が並んでいます。ここで、船は汐待ちをしていて、丁度酒蔵の入口と船の高さが同じくらいになった頃を見計らって、幅一尺五寸ぐらいの板を渡します。その上を四斗樽を斜めにして上手に転がしながら、運び入れるのですが、この人足を「樽コロ」といって、人並すぐれた力と熟練が必要なんです。ですから、樽コロはどれもこれも隆々たる体軀の持主でした。大正の頃、伊勢ケ浜という相撲取りがいましたね。あれは、平野太郎兵衛さんのお店の樽コロだったのですよ。それで、新川界隈の酒問屋がこぞって後援したものでした。──

──昔の造り酒屋の仕込み桶は、直径六尺ぐらいの木の桶でしたね。いまは、ほうろうですが──十一月頃になって、いよいよ仕込みとなると、あの桶を熱湯で洗うんですが、素っ裸でふんどし一つの男が、寝かせた桶の中に入って、グラグラ煮立った熱湯を手桶にいっぱいいれて、サーッと前へぶっかけるのです。すると湯は桶に沿って頭の上をぐるっとひと廻りして足もとへ流れてくるのです。もうそのときは火傷するような熱さじゃありません。見ていてハラハラする作業ですが、熟練というものは恐ろしいもので、熱湯を頭からひッかぶるようなことは、絶対ないのです──

話はいつまでも尽きない。懐しき、よき時代の思い出である。

むかしの造り酒屋は、どうしていい酒をつくるかということに、あらゆる苦心を傾けたもので、一樽々の蔭にはたいへんな努力がかくれていた。いまは、そうじゃない。どうして変りのない品を大量に作るか、そしていかに宣伝して大いに売捌くか——という時代になった。

けれども、「うまい酒をつくる」根本の精神、根本の技術は、あくまでも残さなければならない。時勢に従うのも、やむを得まいが、おおもとの、背骨のところまで失くしては、おしまいじゃないか。それでは、再び起ちあがれない。これから先の酒のみが可哀想だ。いや、日本の文化が可哀想だ。

料理もやっぱりその通り、ちっとも違やしない。

人生は料理なり

忘れ得ぬ二人の婦人

並べて書くのはもったいないが、一人は貞明皇后さま、一人は亡くなった先妻。

先妻は俊子といって、十七才で私と結婚した。私が二十六才のときだった。もと明石町にあった双葉女学校に学んだので、熱心なカトリック信者だった。

心の優しい女で、私はこの家内を熱愛していた。世界中に比べもののない、いい家内だった。

ところが、二男一女の母となって、いちばん下の男の子が六つになった年に、肺結核が発病し、寝込んでしまった。

いくじのない話だが、私は世の中がまっ暗になってしまう思いだった。毎日、勤めから帰っては、附きっきりで看病していたが、病状ははかばかしくなく、私は毎日鬱々たる日を送っていた。

仲のよい友達が見兼ねて、そんなことでどうする、お前にはだいじな務めがあるのじゃないか、気晴らしに歌でも習うがいい——といって、銀座の歌沢の〆松師匠のところへ引張っていってくれた。いま、歌沢や小唄をやっているのは、このときの名残だが、それほど私は意気消沈していた。

家内の病気は重くなる一方で、一年半目には、ついにいけなくなってしまった。ついには、痰を紙でとってもらうことさえできなくなってしまった。私は、そのつど、口で吸いとってやった。甘い痰であった。

臨終のとき、私にきてくれというので、枕許にゆくと、家内は、永い間の礼をいって、喜んで天国にゆきますというのだった。そして、痩せ細った手で、自分の財布につけてあった小さな鈴を、私の手に握らせた。そして、こういった。

「たったひとつ、わたくしの心配なことは、あなたが癇癪もちでいらっしゃることですの。あなたのお仕事は、ほんとに、この上ないだいじなお仕事です。お願いですから、役所へいらっしゃいますとき、坂下門をおはいりになりますときに、この鈴を鳴らしてくださいませ。そして、私が心配しておりますことを、思い出してくださいませ」

そういい残して、死んでいった。

かねて覚悟はしていたものの、私は腑抜けのようになってしまった。忌中三十五日の間、勤めを御遠慮して、閉じ籠っていると、気は沈むばかりであった。

忌明の日のことだった。皇太后さまから、お悔みの言葉や頂戴ものをした御礼を言上するために、青山の大宮御所に伺った。すると、入江大夫を通じて一体の人形をくださった。有難く頂いて帰りみちに、どういうわけでこの人形をくださったんだろうと思いながら歩いていると、ふと心に思い当ることがあった。

皇太后さまも、背の君大正天皇を失われて間もない頃で、最愛の妻を亡くした私の気持をほんとうにお解りくだすったのだろう。そして、この人形の意味は、あとに残った子供達を可愛がって育てよ——という御心なのであろう。

こう思いつくと、涙がドッと溢れてきて、どうすることもできない。明るい道は歩けないので、赤阪見附から溜池の家の方へは曲らずに、平河町から、永田町の方へと、暗い道を泣きながら歩いて帰った。

その翌日、また大宮御所にお伺いして、入江さんにお目にかかり、お人形をくださったお心をこんなに拝察しますと御礼を申しあげると、入江さんは色紙に次の歌を書いてくださった。

亡き妻のつゆもめぐみもきかまほし
世々につたえよこれの人形《ひとがた》

このお人形と色紙は、私の家の宝として、何より大切にしている。

大宮さまには、私はいろいろ無遠慮なことを申しあげた。大宮さまも私の性格をよく解っていてくだすったらしく、いつも寛容に、私のわがままをお許しになっていられたようにお察ししている。

こういうことがあった。

私が休暇をもらって、大阪の競馬にいっていたとき、大阪ホテルに大膳寮から電話がかかってきた。

「大宮さまが、中華料理でお客をなさりたいとおっしゃるんですけど……」

「それで?」

「主厨長が競馬にいっていることを申しあげましたら、それでは帰ってきてからでいいとおっしゃるんです」

「そうか。そいじゃ、すぐ帰る」

そして、夜行で飛んで帰った。

「わざわざ帰ってこなくてもよかったのに……」

と、お側の人におっしゃっておられたことを聞いて、それっきり私は競馬に遠走りすることを止めた。

こういうこともあった。

「秋山。今年いくつになりました?」

と、お聞きになるから、

「五十九才になりました」

するると、

「おや――たしか、昨年は六十才といっていたようでしたのに――」

「いや、私は六十以上は年をとらないことにいたしました。いまの日本の有様では、のんきに年なんかとっておられません。それで、今年からは一つずつ若くなることにいたしました」

そう申しあげると、

「秋山らしいことをいう――」

と、たいへんお笑いになった。

ああ――あの、お優しかった大宮さまも、いまはいらっしゃらない。

家内がくれた鈴は、いつもポケットに入れて持っていた。そして、坂下門を入るときは、必ずそれをチリチリと鳴らして、自戒のよすがとした。

菊池寛氏と吉川英治氏

競馬で忘れられないのは、菊池寛さんだ。知合いになったのが新潟競馬の帰りだった。

同じ寝台車に乗っていた、ちょっと変ったところのあるずんぐりした紳士が、私に、

「あなたは、ずいぶん馬をお持ちでしょう」

ときく。

「いや、一頭も持っていません」

そういった問答がキッカケとなって、心おきなく話し合うようになった。その人が菊池さんだった。気が合ったものか、いっぺんに仲良くなってしまった。

菊池さんが私を大馬主と思ったのは、新潟駅を発つとき、尾形厩舎の尾形君が私を見送りにきてくれたのを見てのことであった。あれほどの大騎手、大厩舎主が、ていねいに見送るぐらいだから——と思ったわけである。実は私は一頭も持っていない。ただ、友達というだけである。また、尾形君は立派な人格者で、一頭の馬主だろうが、十頭の馬主だろうが、差別をするような人ではない。

それはそれとして、その後あちこちの競馬場でよく顔を合せた。そして、並んで席をとって、いっしょに楽しんだものだ。片岡鉄兵さん、舟橋聖一さんなどの作家連中、それに出版や芸能関係の人達がよくいっしょにきていた。

そして、馬券とは別に、お互いの愉快なカケをしたものだ——といっても、金などを賭けるのではない。今度負けたものはピーナツをおごること、今度負けたものが煙草買いの使いをすること、といった無邪気なものだった。

菊池さんはときどき意表外なことをする人で、何番の馬券を買ってきてくれと頼まれるから買ってくると、

「ボクそれは持ってるんだ。君にあげる」

と、いう。

「いいですよ。別に買ってるから——」

すると、せっかちな手の振り方をして、

「いいよ、いいよ。それは君のだよ」

と、笑っている。

じゃアというのでもらっておいたら、それが見事に一着にきて、相当な配当をとった。

息子が学校を出て編集方面に進みたいというので、文芸春秋社に入れてもらおうと、頼みにいった。

菊池さんは、例の細長い部屋で誰かと、将棋をさしていた。五六人の社員がそのまわりを囲んで観戦していた。

いつまで経っても終らないので用件を話した。菊池さんは、やっぱり盤面に目を落しながら、

「息子さん、年いくつ？」

と、きかれるので年をいうと、

「そう」

と、いったきりである。

会社ではずいぶん素ッ気ない人だなアと思いながら、帰ってきた。それっきり、何の音沙汰もない。迷惑だったんだろうと思って諦めていたら、一週間ほど経ってから、突然、本人をよこしてください、といってきた。そして、すぐ採用になった。

菊池さんという人の一面に触れた気がした。大きいなアと思った。

ところが、しばらくのうちに、息子が神経衰弱みたいになった。そして、辞めたいという。どうしたわけだときくと、何も仕事がなくて苦しいというのだ。

それで、菊池さんのところへいってそれをいうと、

「そんなバカな心配はいらないよ。何もしないのも仕事だよ。小説でも読んでりゃいいんだ」

そういった流儀らしくて、編集部の中はひどくノンビリした空気である。

そこで、息子をナダめて勤めさせたが、やっぱりひまなことを苦にするので、再び菊池さんに頼みにいった。菊池さんは、それじゃ、というので、その頃できた文芸家協会の方に移してくれた。

素っ気ないようで、しんは実に親切で、ちょっといいようのない魅力を持った人だった。

もう一人、私が心から尊敬している作家がある。吉川英治さんである。菊池さんの関係で、いつの間にか知合いになったのだが、温かな人間愛に溢れた人で、何もかも打明けて話せる、いわば人生の先輩である。こっちも裸になれるし、むこうも裸になる人である。

よく一緒に飲む。私は、飲めば愉快になる方だが、厄介なことには、酒がとても長くて、飲み仲間を閉口させる。十二時になったから帰らなければ——というのだったら、初めから飲まない方がいいという主義だ。興が乗れば、夜明けまでも飲む。それで、吉川さんをも、ずいぶん閉口させた。

吉川さんの酒も、愉快な酒だ。赤坂表町に住んでおられた頃、弟さんの晋さんも一緒だったか、何人かで飲んでいるうちに、いつものように乱痴気騒ぎになってしまった。吉川さんが、からかさを持ってやる何とかいう踊りを踊った。ところが、すぼめていたからかさの中に、くわえていた煙草が落ちたらしい。からかさがブスブスいぶり出した。ヤッヤッと驚く吉川さん。そのユーモラスな所作に、みんな腹を抱えて笑った。

こういった他愛ない酒のつきあいの中にも、私は、いつも何かしら、この人から教わるものがある。会うごとに、自分が賢くなるように感ずる。もっと早く知合いになったら、もっとよく人生を知ることができただろう——と、いつもつくづくそう思う。

三月十日の下町の大空襲の直後だったと思う。溜池の私の家に、フイと訪ねてきた。ひどくやつれた面持で、苦悩の影がありありと見える。

どうしたんですか——と聞くと、別れた奥さんの所にいるお嬢さんが成人して、女学校から女子挺身隊にとられ、農林省の就業先で大空襲に見舞われたらしいというのである。——隅田公園のあたりに住んでいたので、ずいぶん探したのだが、行衛が判らない。とうとう親らしいこともしてやれないで——といって、声を挙げて泣くのだった。

酒を飲むときも、素ッ裸の人間を見せる人だが、このような悲しみに会ったときも、また素ッ裸の人間を見せる人だなあ——と、私は深く、深く、その人となりに打たれた。

吉川さんの書くものが、読むものすべての胸にしみじみした共感を与えるのも、筆の先がそうさせるのじゃない、やっぱりあの人間なんだということが、会っているとよくわかる。

芸術はまず人間だ——ということが、確信できる。

私の仕事の領域でも、やっぱり同じである。

料理屋のまちがい

西洋料理のレストランでも、日本料理屋でも、いろいろまちがったことをしている。

ものをおいしく食べてもらい、またお客の方でもおいしく食べるには、なるべく正しいやり方に従った方がよい。

思いつくままに、二三書いてみよう。

まず、フランス料理に於ける、オードーヴル・フロア（冷い前菜）についてである。フランス料理の正餐に、オードーヴルは必ずつけなければならないものと思い込んでいるレストランも、お客も多い。それは間違いである。

これは、もともとロシアから起ったもので、ロシアでは、食堂の隣が控え室になっている。その部屋には戸棚があって、いろいろな菓子や燻製の魚などが備えてある。招かれた客は、食堂に入る前にまずその部屋で待つのだが、その間に退屈しないように、立ったまま酒を飲みながら、菓子や肴を食べる。この食前の料理をロシアではザクースカと呼んでいる。

フランスの或る時代に、ロシアの事物を熱狂的に取入れた時代があって、このザクースカも気候、人情、風俗、気質の相違等の差にとんじゃくなく、取入れられたのである。そして、それを食堂で出すようになったのである。だから、正餐の献立の一つとして他の料理とのつながりもなく、ほとんど存在理由はないものと考えている。かえって理論に反していて、スープの風味を軽くするというマイナスさえ持っている。

ただし、例外が二つある。

第一は、キャヴィヤ。それが新鮮な場合はなかなか風味のよいものである。第二は蠣。

これによくなれたボルドーの白葡萄酒を用いた場合。

これ以外のオードーヴル・フロア、すなわち調理したいろいろな魚、マリナドに漬けた野菜類は、正餐中には決して加うべきではない。より軽い午餐にこそ、必ず加うべきものである。


日本の旅館でまちがっている最大のものは、どこの土地にいっても、東京料理または関西料理を出すこと。これは、いろんな人が、いろんな機会にいっていることだが、屋上屋を重ねることは承知で、私もここに強調したい。

どうして、その土地のうまい魚介類、野菜、山菜類を、その土地風に料理したものを出さないか。それではお金がとれないからであろう。また、近県近在から来たお客は、いつも家庭の食膳で食べているので、なアンだと思われるおそれもあろう。遠くからきたお客にだけ郷土料理を出すということも、二重手間で、商売にならぬかもしれない。

しかし、私が陛下のお供をして、日本の各地をまわったとき、深い印象を得たことは、その土地の珍しい材料を使い、郷土料理をつくって召しあがっていただこうという人達には、ほんとうにおもてなしをしたいという真心が感じとられたことだった。つまりは、遠来の旅人に喜んでもらいたいという温い心の問題である。

だから、献立のうちの一品か二品だけでよい、郷土の名物料理を織り込む努力をしたらどうだろう。

旅館から表へ一歩出れば、名産だ、名物だといって、土産物屋に山ほどあるのに、かんじんの旅館の朝夕には、東京と同じ、まぐろのさしみに、えびのてんぷらに、トンカツ、オムレツばっかりなのは、旅行者にとっては、寂しくもあり、腹も立つ。

ちょっとの手間を惜しまずに、遠来の客をもてなす真心を、献立のうちに表わせば、必ずそれだけのことはあると思うが、どうだろうか。

日本料理屋でよく気のつくことは器物のまちがい。

西洋料理は、食器が単純で、チャンと決まっているからいいが、日本料理は種類も意匠も千差万別だ。それで、よく間違いを起す。

たとえば、箸おき。枝豆の形をしたものなど、枝につく方を上におくべきものなのに、逆においてある。細かいことのようだが、こういうところでその店の格を見られてしまう。

鮎の塩焼などを盛る横長の皿の、手前の方に波の模様が描いてあるのを、逆においてあることもよくある。天に波が立っている。あまりにも無神経過ぎる。

日本料理は、一つなり二つなりの膳の上に、或いはちゃぶ台の上に、全部の器物が一時に並べられる。ところが、いやに白っぽいものが多かったり、青っぽいものばっかりで、美観を損なうことが多い。

献立が決まったら、出すべき器を全部並べてみるといいのだ。そして、白っぽいもの、青っぽいもの、赤っぽいもの、漆器、銀器、竹器と、いろいろ調和よくデザインすることだ。

どんなに一つ一つの食器に美しいものを選んだところで、全体の調和がなかったら、なんにもならない。

器物のことをもう一つ。座についたお客様に、お菓子と一緒に出すお茶の茶碗と、料理のあとの御飯のときに出すお茶の茶碗と、同じく煎茶々碗を出すところが、十中八九である。御飯のときは、深い、いわゆる湯呑みを出すのが正しい。

書いてゆくと、きりはない。とにかく、これが自分の商売だとなったら、とことんまで勉強することだと思う。勉強する人の店は必ず伸びてゆくようだ。平凡なことだがそうだと思う。

料理芸術論

平凡ということで思い出した。

料理の真髄を話してくれという人がよくある。そんなに、一口に話せるような真髄があったら堪らない。だが、私はこう思う。

庖丁をよくとぎ、俎板の上をいつも清潔にし、鍋の洗い方に気をつけ、材料の吟味を充分にする――そういった細かいところを、しっかりやることだ。平凡なことである。真髄というものは、平凡なところにある。なんでもない、小さいところにある。大きなところは、誰がやっても同じだ。その料理の持ち味というものは、きまっている。だから、下手と名人の差は細かいところで決まるものである。

こういうことを考えると、むかしの修業の仕方には、尊いところがあったと思う。いまの科学的方法というものは、或る水準のものを、手っ取り早く大量に作るのには適しているが、高い、深い、ギリギリの奥まで達するような人間は、どうも養えそうにない。

陶匠の仕事を見ていると、それがよくわかる。ひと窯六十日、窯をあけてみて初めて結果のわかる仕事だ。

窯のうなりを聞きながら、薪を放り込む。尺三、尺八に切った薪を、小さな窓からヒョイ、ヒョイと投げ込むのだが、その手練の見事さ。窯の奥の方、真ん中あたりと、自由自在、思うところへ薪は落ちるのである。彼らは、子供のときから、明け暮れにそのけいこをしているのだ。また、窯の音を聞きわける修練を積んでいるのだ。

ごうっ――という、われわれには同じように聞える窯の音に耳を澄ましながら、薪をくべ、火を止める。

温度計を使い、過去の製品見本と温度のグラフとを対比したデータによって、科学的にやっている陶匠もあるが、いわゆる味のある、芸術性の豊かな作品は、どうしてもそのやり方からは生まれない。

料理も、せともの焼きと同じだ。たとえばロースト・ビーフを焼くとする。これは、初め強い火で焼いて、まわりに一つの壁を作る。中のうまい味を流れ出させないためである。それから、イギリス風のやり方なら、水をかけた塩をベタベタとそのまわりに塗り、今度は中の方へ火が通るように焼くのだが、その火加減というものが、口ではいえないのである。修練よりほかはない。

つまり料理の真髄は、むかし風の修練でなくては摑めないという結論になるだろう。

人生は料理なり

料理というものは真心である——と先にいった。このことは、あまねく人生万般のことに通ずると思う。

あまり良人を愛していない女房のつくった弁当は、必ずまずいだろうと思う。愛情のないもののつくったものは、通りいっぺんだからである。

ところが、ほんとうに良人を愛している女房は、たとえ料理は下手でも、どうしたらおいしく食べて頂こうか、これでは食べにくいからこうしておこう、汁が浸み出して手でも汚してはいけないから、紙を一枚入れておこう——そういった深い心遣いをしながら弁当をつくる。これが良人の心に響かぬはずはない。

このように、料理を作る心は、世の中のすべてに通ずると、私は信じている。政治も料理だし、教育も料理だし、商売も料理である。

政治家でも、ひと通りの料理をつくることだけ知っていて、色彩の調和や香りのことを考えない人がある。真心がすみずみまでゆきわたっていないのである。これでは、人はついてこない。また、反対に、色彩や香りばかりに浮身をやつして、かんじんの味がお留守の羊頭狗肉型もある。もともと真心がないのである。

料理を食べる方の人も、つくった人のことを思いやらねばならない。家庭のたべものについては、とりわけこのことが大切である。

レストランやうまいもの屋で食事をする機会の多い主人や、よくお招ばれにゆく青少年達がうちのおかずはまずいという不平を洩らすことがありがちである。それでは、主婦がかわいそうだ。高い金を払って食べる料理店の料理、費用かまわずにぜいをつくした招宴の料理、それと一定の予算にしばられている家庭の料理とは、第一材料が違うのである。主婦は、それを真心とせいいっぱいの技術でおぎなおうと苦心しているのである。

そこを察してやらなければならない。特に、子供達の家庭教育の一端として、こういう思いやりを持つように仕向けることは、将来人を統御するような人物に育てるために役立つと思う。

五十年も、この道ひとすじに打込んできたので、何もかもが私には料理に見えてくる。夜銀座辺を歩いていると、豪華なネオンが軒なみに明滅している。あれを見ていても、頭がすぐ料理の方に走ってしまう。隣りが赤のネオンなのに、どうして、こちらも赤にしたんだろう。水色にしたらいい附け合せになるのに——と。周囲と融和して、かえって自分が生きてくるという真理を、教えられるのである。

汽車の窓から、景色を眺めていても、そうである。あの山は実に立派な姿をしているが、それもまわりにあるあの貧弱な山々のおかげで引立っているので、まわりの山がなければ、ポツンとした淋しい景色になるだろう——これも附け合せだなア、そうすると宇宙全部が料理と同じことだなア——と、私は考えるのである。

附　完全な食卓作法《テーブル・マナー》

これからは、外国人と交際する機会がいよいよ多くなる。食事のマナーの心得は、ぜひ必要である。それで、ここに完全なものを書いておく。

一般の場合には、不必要なことがあるかも知れない。しかし、ダンスだって、初めにいちばん難しいステップを苦労して覚えれば、ほかのステップは極めてやさしく覚えられるのと同様で、テーブル・マナーでも、最高のものを覚えておくといい。宴会にしても、会食にしても、形もいろいろだし、厳粛さや気易さの程度もいろいろだから、一つ覚えでは応用がきかない。次に書くことをマスターすれば、たとえ英国皇室の宴会に招かれても大丈夫だし、これを基本にして臨機応変の所置をとれば、どこへいっても立派な紳士淑女で通る。

食　前

1、食事に招待されたら、なるべく早く諾否の返事をすること。食事の招待状には、以前は必ず、R.S.V.P.（回答を乞う）と附記したものだが、昨今はこれを書かぬものもある。それでも、返事は必ずしなければならない。
2、一たん出席の返事をしてから、事故のためにいけなくなったら、事情を説明して、なるべく早く通知をすること。
3、家を出る前に、必ず髯を剃り、爪を切り、爪垢をとり、顔、頭、手、指等をきれいにする。特に頭のふけを落とし、髪をよく梳ること。
4、用便をしておく。客として先方にいる間は、できる限りその必要がないように心掛けることが肝要。特に、食事中に立つようなことは、絶対にいけない。
5、定刻十分乃至五分前に指定の場所にいること。どんなことがあっても五分以上遅れてはいけない。
6、目下のものは、目上のものより早く参集するのが礼儀である。
7、定刻に遅れた人があったときは、主婦は十五分乃至二十分ぐらい待つのが例である。
8、外套、帽子、ステッキ等は、特設衣裳室もしくは玄関におくこと。
9、応接室に入ったら、まず主婦に礼をし、次に主人に礼をする。
10、婦人の場合、手袋は応接室で脱ぐのが例である。
11、応接室にいる間に、できれば、食卓に於ける自分の位置や、附近に座る相客の姓名、人物のあらましを研究しておくこと。
12、紹介を必要とする場合は、食堂に入る前にしなければならない。

13、晩餐に招かれた場合、手を曳くべき婦人に紹介された後は、食堂に入るまでその婦人と簡単な談話を交わすのが礼儀である。

14、紹介されたときは、先方から手を出さない限り、頭を下げて礼をすれば充分である。

15、未知の婦人だったら、手を曳く前に必ず紹介してもらっておくこと。

16、食卓に出入するとき、婦人の手を曳くには、先ず婦人の左側に並び、僅かに自分の右の肘を張るとよい。それに婦人が手を掛けるのである。（ただし、ヨーロッパ大陸では、往々婦人の右側に並ぶことがある）

17、婦人の裾を踏まないように、よく注意すること。

18、食堂に入るには、主人が最高位の婦人客の手を曳いて先頭に立ち、以下男子客の地位の順序によって（婦人の手を曳いて）続き、その次に主婦が最高位の男子客の手を曳いて進む。その後に、婦人の手を曳かない男子客が、地位の順序によって続くのである。

19、手を曳くときの組合せは、その時々によって違うことがある。（昨日の宴会でこの婦人の手を曳いたから、今日も——と早合点してはいけない）

20、婦人の手を曳いたとき、進む順序がわからないときがある。そのときは、主婦の目くばせや、簡単な合図や、手を曳いている婦人の注意などに気をつけていれば、大体失態を演ずることはない。

21、婦人の手を曳いて階段を上下するときは壁の側に婦人があるようにしなければならない。
22、午餐の場合は手を曳かないことが多い。また、あらかじめ指定して、男女を並んで進ませることがある。このときは必ずしも隣席者を配するとは限らない。
23、給仕人は、まず婦人客の椅子を食卓へ押し寄せ、次に男子客の椅子に手をかける。
24、給仕人がそこにいないときは、男子客がまず手を曳いてきた婦人客の椅子を押し寄せてやる。この場合、音を立てぬよう静かにすることが肝要である。
25、正式の食事の際には、食卓につくときや離れるときは、主婦が合図をするものである。
26、目上の人や、婦人、子供、老人と食を共にするときは、まずそういった人達から着席させなければならない。
27、椅子は左側から着席すること。
28、椅子は充分にテーブルに引きつけ、身体を真直にし、腰を充分その上に落ちつけたとき、身体とテーブルとの間が約二寸（六センチ）ぐらいとし、多くとも三寸（九センチ）を越えてはいけない。
29、午餐のときは、座席の配置を指定しないことがある。そのときは、適当な場所に掛ければよい。
30、テーブルにまっすぐ向かって掛けること。斜め向きになってはいけない。

31、テーブルについたら、まず折畳んだサーヴィット（ナプキンという語はなるべく避けた方がよい）の中においてあるパンを静かに出して、自分の左のやや前方においてあるパン皿の上に移す。パン皿がないときは、ほぼその位置のテーブル・クロースの上におく。

32、次に、サーヴィットを拡げて（半開き程度がよい）、膝の上におき、静かに食事を運んでくるのを待つ。サーヴィットをチョッキに掛けるのは上品でない。また、老人や子供のように、頸や胸にかけるのも下品である。

33、万一遅刻して、一同が食卓についた後で到着したときは、主婦と主人に挨拶し、簡単に遅刻の弁明をし、一同に一礼して後着席する。

34、食卓についている間、万止むを得ぬ用ができて帰る必要が起ったときは、まず主婦の傍にいって、丁寧な言葉づかいで簡単な弁明をし、主婦、主人に握手し、その他には、単に頭を下げて室を出る。

35、右は万止むを得ぬときのことで、正式の食事に於ては、食卓についたら食事が終るまでは絶対に席を起たぬものと思っているとよい。

食卓に於ける一般のマナー

1、食事は一日の中の最も愉快な会合であって、だんらんのうちに食を楽しむものであるという精神を忘れてはならない。
2、もの静かな、上品な態度であること。
3、モジモジしてはいけない。沈着であること。
4、終始愛想のよい態度であること。かといって、無理にニヤニヤする必要はない。
5、はなをすることは、最も慎しまねばならない。もちろん、はなをたらすことは不体裁の極みである。
6、止むを得ずはなをかむときは、静かにすることはもちろんである。
7、食べたり、話したりするとき以外は、口はつとめて閉じているようにすること。
8、あくびをしてはいけない。
9、くしゃみやせきが出ないように、気をつけること。どうしても出そうになったら、ハンカチで鼻や口を覆うこと。
10、唾を飛ばさないこと。
11、耳や鼻をほじくったり、頭を掻くのは失礼である。
12、指を口の中に入れてはいけない。
13、テーブルの上に字を書いてはいけない。
14、パンを弄んではいけない。
15、舌打ちや、すすり込みなど、音を立てて食事をとるのは下品である。

16、特に注目をひく人があっても、その人をみつめたり、横目をつかってはいけない。
17、相客に失策や、間違った言動があった場合は、知らぬ顔をしているのが礼儀である。
18、日本流の早飯は、西洋では軽蔑される。
19、食事中、何か朗読するようなことが起ったときは、まず主人や隣席者に挨拶してからする。
20、持ち廻る食品は、必ずしも全部取る必要はない。メニューをよく読んでおいて、適宜に取捨すればよい。
21、望まない食品を断わるのに、あまり急激に手を動かすのは下品である。静かに、わずか動かしただけで、給仕はよく諒解するものである。
22、食事中ブツブツ小言をいってはいけない。
23、食事中大笑いしてはいけない。
24、他の客の前に腕をのばして物を取るのは、遠慮の無遠慮というものである。所要のものは必ず給仕に命じて取寄せるか、隣りの人に頼んで取ってもらうこと。
25、楊子は、正式の食事中には使わないこと。食後でも、人前で使うのは下品である。
26、食事中もしくは食後に、パン屑などを掻き集める人がある。親切のつもりかも知れないが、みっともないものである。

食卓に於ける身体のこなし方

1、椅子を充分にテーブルに引きつけ、腰を深くおろすこと。椅子の端にお尻がちょっと乗っているようなのはいけない。
2、いかにも、ものうげな態度で食事をするのはよくない。
3、上体は自然に真直ぐ保ち、しかも固くなってはならない。
4、脚を組んではいけない。テーブル・クロースで見えないなどと思ったら大間違い。
5、足をあまり前方に出すのもよくない。前の人の足などに当ると、失礼である。
6、股を拡げてはいけない。東洋豪傑風は、テーブル・マナーには通用しない。
7、背で椅子にもたれるのも、みっともないものである。
8、身体を神経質に動かさないこと。貧乏ゆすりは厳禁。
9、肘をついてはいけない。まさか頬杖をつく人はないだろうが。
10、両手は自然に卓上におくのがよいので、固く握っていると、他人に窮屈な感じを与え、バァと開きッ放しにしていると、ダラシなく見える。
11、肘は絶えず脇に軽くつけておく。
12、どんな場合にも、肘は五寸（約十五センチ）以上側方へ張ってはならない。
13、食物を口に入れる際には、上体を腰の所で極めて僅か前方に倒す。背を丸めるのはみっともない。
14、食事中隣席の人と話すときにも、身体をその方に曲げてはならない。
15、隣の人が持ち廻りの食物を取るとき、自分の身体を急に動かさないように、気をつけること。これでよく失敗をさせるものである。

食卓に於ける談話

1、話題は、固苦しいものを避ける。特に議論をかもしやすいものは禁物。議論する機会は別にいくらでもある。
2、宗教談、政治談は避けた方がよい。
3、会話は静かにするのがよい。
4、食べものが口中にあるうちは、話をすることは避ける。
5、下品な言語はもちろんいけない。なお、外国では、胃腸に関する話をしてはならぬことになっている。
6、無遠慮な大声、手真似、身振りもよくない。
7、同席者の解らない言語（外国語等）は、できるだけ避けること。
8、内緒話はよくない。
9、あまり遠方の客と談話を交わすのもよくない。

10、あまりおしゃべりするのもよくないが、また黙りこくっているのも失礼である。
11、手を曳いた婦人があるときは、主としてその人と話をするのが礼儀だが、向う側の客にも相当に応対しなければならない。
12、あまり他人の私事をほじくるような会話はよくない。
13、言語の通じないことがあっても、終始微笑をもって応対すれば、好感を与える。

食事法一般

1、持ち廻りの食物はあまりたくさんとってはいけない。非常に好きなものでも、まだあとに人がいることを忘れてはならない。
2、食べたくない食物は、とってはいけない。
3、食べ方が非常に難しいものか、食べ方が解らないものは、取らないのが無難である。
4、食物を取って自分の皿におくときは、なるべく皿の近くまで持ってきて静かにおくこと。上の方から、ポタッと落とすと、汁などが飛び散ったりする。
5、スープのような汁類を取るときは、途中で滴たることのないよう、また皿に注ぎ入れるときは、スプーンをなるべく皿に接近させてから注ぐと、とばっちりが飛ばない。
6、汁類をたくさん取り過ぎて、皿の中に残すことのないよう気をつけること。
7、食品を取り分けても、それに附随する汁類または盛合せ品が配られるまでは、手をつけないこと。
8、食品を元皿から取るときに使用するフォーク、スプーンの類は、注意深く元皿の上に返すこと。元皿の端に無造作においたため、音を立てて落下することがしばしばある。
9、着席後すぐ水を飲んだり、パンを食べたりするのは上品でない。
10、食事の速度は、おおむね主人の速さに準じて調節すること。
11、どんな食物でも、一端からかぶりついてはいけない。
12、あまり大きな肉片またはあまりに多量の野菜などを、一度に口に入れてはいけない。口に達するまでにその一部が落ちることがよくあるし、また嚙むのに口の中で音を立てることになる。何でも、少量ずつ数回に分けて食べるのがよい。
13、ひと片れの肉、ひと塊りの野菜などを口に入れるのは、一挙動ですること。フォークやスプーンなどで何回も押込むのは下品である。
14、息をもつかず食事してはいけない。
15、食物を口に入れるときや、嚙むときは、決して口の音をさせてはならない。唇を固く閉じているとよい。
16、食物を嚙む間や、ちょっと休むときには、ナイフとフォークは皿の中に交叉しておく。その時フォークの尖端は下を向くようにおく。フォークとナイフを平行におくと、済んだものとして給仕が運び去ってしまうことがある。あッと思っても後の祭である。

17、ひと片れ乃至ひと塊りを食べ終ってから、はじめて次を口に入れること。
18、食物をナイフで切り割くときに、勝手が悪いというので、皿を前後左右に廻すのは、みっともない。
19、ナイフなどが過まってコップ類に当って音を立てたときは、すぐ手でそれを押えて振動を止める。
20、こしょう、からしの類はくしゃみを起しやすいので、取扱いには特に気をつける。
21、塩、からし等が容器より出難いからといって、容器の底をたたいたり、はげしく振ったりしてはいけない。(これは一種の迷信だが、西洋では塩をこぼすことは非常に縁起が悪いとしている。だから西洋人と会食するときは特に注意した方がよい)
22、口の中から骨や皮などを出すときは、他の客に見えないように、スプーンかフォークを口に近づけてその上にのせ、そっと皿の一端に取りのけておくこと。
23、万一、わらくず、小石のようなものがまじっていたら、22のように処理しておくこと。
24、食物の中に、万一、虫、毛、その他の不潔物がまじっていたら、主人に知れないように取除き、極力秘密に葬むるのが礼儀である。ただし、レストラン等で自費で食事をするときは、給仕に注意して取り換えさせるとよい。
25、万一、実際に腐敗した食品を口の中に入れたときは、スプーンかフォークの凹面に出して残っている食物の下に差し入れておくとよい。

26、附け味があまり極端で、自分の好みに適しないときでも、一たん口に入れたら我慢してのみくだすのがよい。
27、自分の皿に取り分けたものは、なるべく全部食べるのが礼儀である。
28、皿の中に残った食物のかけらや残り汁を、フォークやスプーンやパンなどで拭うようなことはみっともない。
29、正式の食卓では、酒をこぼしたり、ナイフ、フォークを落すような過ちをしたら、知らぬ顔をして済ますとよい。必ず給仕が気をつけて処置してくれるものである。
30、食品のお代りは礼儀でないが、水とパンだけは、給仕が自分の側らにきたとき、小声で要求するとよい。ただし、パンのお代りの際は、一時にひと片れ以上取ってはいけない。
31、一皿の食事が終るごとに、ナイフ、フォークは並べて斜めに皿の中におく。その先が自分の左前を指すようにおくのである。なお、フォークの尖端は上を向ける。
32、歯ぐきについた食物は、舌の先でそっと取除いてのみくだすこと。フォークの先などで取るのは大禁物。楊子も正式の食卓ではいけない。水でうがいなどするのも下品である。
33、すべて、食品を取るとき、選り取りをしてはいけない。特に菓子、果物などに、いったん手をつけたら、必ずそれを取ること。

34、給仕が食品を持ち廻ってきたとき、あまり待たせないようにすること。

食器に関する一般

1、ナイフ、フォーク、スプーンなどを弄んではいけない。
2、食器で音を立てないように気をつけること。
3、食器をサーヴィットで拭ってはいけない。
4、ナイフやフォーク、スプーンなどを間違って使ったとき（肉料理用のものと、魚、卵料理のものと間違ったりした場合）は、それを取換えたりしないで、そのままで押し通す方がよい。他人の注意をひかないで済む。堂々たる態度が好もしく、慌てて取換えたりするとかえって滑稽になる。
5、ナイフ、フォーク、スプーンなどを、あまり固く握るのはよくない。落さないように注意して、相当に軽く持っているのが上品である。

スプーン、フォーク、ナイフの使い方

1、スプーン、フォーク、ナイフの後端が、あまり掌よりたくさん出ないように握ること。
2、食品を口に運ぶときは、あまり口中の奥深く入れないこと。また、歯に当てないように気をつけること。

3、使い方がよく判らないときは、同席者のやり方を見習ってやればよい。
4、スプーンで食べるのか、フォークで食べるのか、よく判らないときは、フォークで食べるとよい。
5、スプーン、フォーク、ナイフの類を高く持ち上げてはならない。
6、フォーク、ナイフを上向きに立ててはならない。特にフォークに肉などを刺したまま、そんな恰好をすることは禁物。
7、フォークは横から口に入れず、前方から入れるものである。
8、英国流では左手にフォーク、右手にナイフを持ち、食品をフォークの凸部にのせるが、米国流では、フォークだけを右に持って、この凹部に食品をのせることがある。
9、フォークだけで食べるときは、右手で持つ。
10、ナイフで食物を口に運ぶのは大禁物。
11、ナイフで物を切るとき、皿に当てて大きな音を立てないように気をつけること。
12、ナイフで塩や、バターをとってはいけない。バターはバターナイフを使用する。

フィンガー・ボウルについて

1、フィンガー・ボウルは、普通、皿の中に敷いた小形サーヴィットの上にのせ、果物用ナイフ、フォークと一緒に配するものである。このとき、まずナイフを皿の右側、フォークを皿の左側の食卓上に移し、ボウルと小形サーヴィットとは、共に皿の右前方におく。

2、フィンガー・ボウルは指を洗うものである。果物などを食べた後、指先を洗い、指先で唇を湿した後、指先と唇をサーヴィットで拭うのである。まちがって、飲んだり、うがいをしたりしてはならない。

3、フィンガー・ボウルの下敷の小形サーヴィットでは、一切ものを拭ってはならない。

4、フィンガー・ボウルで掌まで洗うのは礼儀ではない。

5、フィンガー・ボウルの中にレモンを薄く切ったのが入れてあることがある。これはそのままにしておくこと。

サーヴィットについて

1、サーヴィットは、唇、指先を軽く拭うものである。顔などを拭いてはいけない。顔を拭くのは、自分のハンカチですればよい。

2、一杯に拡げずに、普通半ば拡げて膝の上におくものである。

3、口を拭くときは、ほんのその片隅で拭うのが上品である。

4、食後にこれを丁寧にたたむのは、礼儀のようで、かえって反対である。クシャクシャにしたまま、皿のあった附近におく。(家庭の小宴などでは、膝の上で折畳んで、リングに納めることもある。）

スープについて

1、スープを出すのに、濃（ポタージュ）淡（コンソメ）どちらかを選ばせることがあるが、決して二種類とも取ってはいけない。
2、スープ・スプーンを持つのには、掌で握るのでなく、指だけで軽く持つのである。
3、スープを吸うときは、音を立てぬよう、またすすり込まぬように気をつける。
4、スープをすくうとき、音を立てないようにする。
5、スープを飲むときは、ともすればあまりにも前屈みになるものである。みっともないから気をつけること。
6、スープ・スプーンの使い方は、手前から前方に向けてすくうのである。この時、皿を僅かに向う側へ傾けてよい。
7、英国ではスプーンの横側から吸い、フランスでは尖端より吸う。郷に入らば、郷に従え。
8、スープはごく少量を皿の底に残しておくのが礼儀。最後の一滴まですくわないこと。
9、スープのお代りは厳禁。
10、スープに塩、こしょうなどを入れて味をつけるのもよくない。

11、ブイヨン、コンソメなどのようなスープを、食事の最初にコーヒー茶碗のような器で出すことがある。コーヒーとまちがって、砂糖を入れたりしないように——。この容器には両側に把手があるからすぐわかる。

12、ブイヨン茶碗に附けたスプーンは、その熱さ加減をみるためのもので、加減をみたら、茶碗の縁から直接飲むのである。

果物と小菓子について

1、果物、小菓子などにフォーク、スプーン等を附けて持ち廻ってきたときは、なるべく手で摑まないこと。

2、果物を取るとき、その熟否を手で当ってみるようなことをしてはいけない。

3、あまりたくさん取ると、後の人のがなくなる。要注意。

4、ナイフ、フォークで食べるのが普通な果物には、直接手を触れないこと。

5、なし、りんご等は、ナイフとフォークで先ず四分し、その一片を左手のフォークに刺し、右手のナイフで皮をむき、心をとった後、更にナイフで小さく切って、フォークで刺して食べるのが、いちばん上品な食べ方である。

6、バナナはナイフとフォークで皮をむいて、ナイフで小さく切りながらフォークで食べる。

7、苺のヘタのついているものは、右手の拇指と人さし指でつまみとり、砂糖やクリームをつけて食べる。

8、さくらんぼのような果物の種子などは、軽く握った片手を軽く口に当てて取り、そっと皿の上におく。

9、食べるのにむずかしそうな果物は、遠慮した方が無難。

パン、肉、野菜その他について

1、パンは普通まず右手で取り上げ、左手を添えて二つに割り、左手の分を皿に返す。そして右手の分を、左手に持ちかえ、右手指で小さく割きとりながら食べるのが、美しいマナーである。（ただし、朝食などのトーストだけは、ナイフで切ることもある）

2、パンをかじってはいけない。

3、パンをスープの中に入れるのは禁物。

4、卵の半熟を食べるときは、その太い方の端をスプーンで切り取り、適当な穴を開け、塩、こしょう等を入れ、スプーンですくい取って食べるのである。

5、牡蠣（かき）は決して切ってはいけない。一口に食べること。

6、かにの脚や、小えびなどは、手で皮を取り除いてよい。無理にナイフとフォークでやろうとすれば、失態を起しやすい。

7、魚類、生菓などポロポロ落ちそうなものを食べるとき、パンの小片を左手に持ち、右手のフォーク、スプーン等をたすけるのは差支えない。ただし、この時、パンはなるべく小さいものを使い、用が終ったら必ず食べてしまうことである。

8、英国風では、魚類は必ずナイフとフォークで食べることになっている。

9、肉類は、まず中央で二つに切り、その一方を少しずつ切り取りながら食べるとよい。初めから、細かく切っておくのは礼儀でない。

10、カレー・ライスは、スプーンでもフォークでも、どちらで食べてもよい。

11、アーチチョークは、一片または二片ごとに剝いて、各片の根の柔かい部分を上下の歯の間で取り去って食べる。また、その心はナイフとフォークで食べる。

12、アスパラガスは、手で食べるのが普通であるが、フォーク、またはナイフとフォークで食べてもよい。

13、チーズ類は手で食べてはいけない。フォークで食べるか、ナイフで小さく切ってパンの上にのせて食べるものである。

14、アイスクリームを容器の縁から食べるのはもっとも下品である。また、ウェーファースですくいとるのもよくない。

酒と水について

1、酒でも水でも、急いで飲んではならない。お代りの露骨な催促ということになる。

2、飲まない酒は注がせないこと。この時、コップを上げたりしないで、ただ軽く指先でコップの縁を押えれば、給仕はその意味をすぐ諒解するものである。

3、酒を注ぐとき、もうこれくらいで充分だと思ったら、2に準じた合図をするとよい。

4、酒や水を飲む前には、先ず唇についている汁その他をサーヴィットで拭うこと。コップの縁に唇のあとがつくのはみっともないものである。

5、酒や水を飲み終ったら、またサーヴィットで、唇についた液を拭くこと。

6、酒を水に混ぜて飲んではならない。

7、おいしいからといって、つい飲み過ぎると、えてして失礼を起しやすい。正式の食事では控え目にした方がよい。飲みたければ、あとで飲み仲間と気楽に飲めばよいのだから——

8、水や酒の飲み方は、グラスを垂直のまま持ち上げ、口に当て、僅かに傾けて飲む。頭を後に傾けるのは下品である。

9、グラスをあまり高く持ち上げてはならない。

10、極端に、最後の一滴まで飲み干すという飲み方は下品である。

11、酒は、注がれた順序に飲むこと。混ぜてはいけない。礼儀にかなわないだけでなく、酩酊しやすい。
12、コニャック、フィン等は、グラスを掌の中に握り、体温で温めながら飲むものである。
13、白葡萄酒、シャンパンなどは口当りがよいので、あまり飲めない人がつい飲み過ぎて頭痛を起すことがある。用心が肝要。
14、トースト（乾杯）があるときは、所要の酒（シャンパン、ポートの類）を注ぐのを断わってはいけない。飲めない人も、形だけは乾杯しなければいけない。

コーヒーと紅茶について

1、食後のコーヒーは、同じ食卓で出されるのが普通だが、応接室に退いてから出されることもある。
2、ティー・パーティーは談笑が主目的で、お茶を飲むのは副であることを忘れないこと。
3、お茶の飲み方は、大体スープの飲み方を参考にするとよい。
4、コーヒーや紅茶用のスプーンは、砂糖やクリームなどを混ぜるためのもので、これで飲んではならない。
5、茶碗の把手が左手になるようにおいてあるから、これを左手で軽くおさえて、右手のスプーンで砂糖、クリーム等を混ぜる。混ぜ終ったら、スプーンをソーサー（敷皿）

の上におき、把手を右に廻し、右手で必ず把手を持って飲むのである。両手で茶碗を持つようなことはよくない。
6、スプーンを激しく使ったり、ソーサーにこぼれたコーヒーを茶碗の中にあけたりするのは下品である。
7、食卓外でコーヒーや紅茶を飲むときは、ソーサーを左手で持っているのが例である。
8、砂糖つぼの砂糖は手で取らないこと。またコーヒーなどに入れるときは、液面近くなってから静かに入れること。ポチャンと落さないように。
9、飲むとき、頭を後に傾けないこと。
10、熱いからといって、吹いたり、スプーンですくって冷ましたりしてはいけない。自然に冷めるのを待つこと。
11、茶碗の底に残った砂糖をスプーンですくいとったり、茶碗をゆすって飲むのは下品。
12、ティー・パーティのときなど、同時に何種類もの菓子、サンドイッチの類を取らない方がよい。
13、お茶のときの小形サーヴィットは、なるべく汚さないように注意すること。
14、お茶のときのトースト、サンドイッチ、小菓子などは、一端からかじってもよい。
15、食後コーヒーを応接室で飲んだとき、またはティー・パーティーのときは、男子は婦人の空いた茶碗を片附けてやるのが礼儀となっている。

食後

1、食事が済んだら、主婦は、主婦人客に目くばせをして起立し、他の婦人と一緒に食卓を離れるのが例である。このとき、男子客はいっせいに起立する。
2、隣席の婦人、特に自分が手を曳いて食堂にはいった婦人が起立したときは、その椅子を静かに除けてやるのである。
3、婦人客が食堂から去った後、男子客が残っている時間は、約三十分を越えないことになっている。
4、ヨーロッパ（大陸）では、主婦は主男客の手を取って先導し、婦人は食堂に入ったときの順序で男子に手を曳かれてそれに従い、主人は主婦人客の手を曳いて後尾から出る。そして、他の来客は、男女の別なくいっせいに食堂を出ることになっている。
5、食堂から去るために起立したときは、自分の使った椅子をもとのように押し寄せておく必要はない。ただし、通路が狭いときは別である。
6、午餐が済んでから、その家に留まるのは、約三十分を適当とし、四十五分を越えないことになっている。必要の際は、十分乃至十五分で辞去しても失礼ではない。（親しい家などの非公式なものは別であるから、くれぐれも誤解なきよう）
7、晩餐後は一時間十五分乃至一時間半ぐらい残るのが普通であるが、十時四十五分乃至十一時までは必要に応じて残っていても差支えない。
8、辞去するときは、まず最後の話し相手だった人に挨拶を述べ、その近くにいる知合いの人々と握手し、主婦と主人に握手して礼を述べる。やや離れたところにいる人には、ただ頭をさげて会釈すればよい。
9、辞去するときは、なるべく上長から先にするのがよい。
10、招待されたときは、先方の雇い人などには心附けをやらないのが原則である。
11、帽子を受取ったら、玄関の外に出てからかぶること。

以上、詳し過ぎることを承知で、また、解りきったようなことや、一般にはその機会があまりないようなことまで書いたが、心得ておいて決して損することはないと思う。

これは、一見固苦しいようだが、決して無理が要求されているのではない。日本の茶道と同じである。茶道には、いろいろな型やきまりがある。それは、つまるところ、お茶や懐石料理を用意したり、味わったりするのに、いちばん効果的な方法である。例えば、炭の長さや、つぎ方の形まできまっているが、決して無意味なものではない。いちばん熾しやすいやり方なのである。

また、茶道の立居振舞は、数百年の洗練を経た、ひと、われ共に心持よくお茶や食事を楽しめるような、いちばん素直な身のこなしに外ならない。

ついでだが、懐石料理が西洋料理と似ていることも興味あることで、その外形でも吸物（スープ）に始まって、菓子（デザート）で終るところなどそっくりだし、その食事作法の精神に至っては、まったく変りはない。

とにかく、ここに書いたテーブル・マナーは、いちばん食べやすい食べ方であり、いちばん自然な身のこなしであり、いちばん美しくて人に迷惑をかけない立居振舞である。何も難しいことではない。

だから、まず型から入ること。そうすると、経験を積むうちに、自然と型を意識しないで、洗練されたマナーがとれるようになるものだ。

また、先にも書いたように、これは正式の食事に於ける正式の作法だから、友人の家で打ち解けた連中だけで食事をするようなときに、これにこだわるようなことがあると、おかしくもあるし、座が白けてしまう。一見自由自在な動作の中から、こういう根本の礼儀がほのぼのと滲み出しているような人が、まことの紳士というものだろう。

追想――秋山主厨長との出逢い

料理人　谷部金次郎

今から四十二年前の話である。

「ぼうやいくつだ、何が出来るんだい」。こんな会話で面接が始まったのです。それが秋山徳蔵氏との正式な出逢いなのですが、実はその一年半位前に一度お目に掛かっているのです。毎年暮の三十日から元旦にかけて調理師会から宮中へお手伝いに伺い、新年祝賀の儀に供される料理の盛付けに従事します。昭和三十七年に私もその一員として宮中へ行った時に主厨長にお目に掛かったのでした。義兄の元で修業を始めてまもなくの時です。

調理師会の会長に連れられて大膳課の厨房を見学させて頂いている時にちょうど主厨長がお見えになり、和食の係長に「しっかり料理を見せて説明してあげなさい」と言って下さり、私達もゆっくりと宮中のお正月に使われる儀式料理を拝見させて頂く事が出来ました。もちろんその時にこの方が大膳課の料理長である事など知る由も有りませんでした。私の様な若い者に対しても「しっかり勉強しなさい」と言葉を掛けて下さったり、貴重な料理を見せて下さりその心のやさしさを感じておりました。大変小柄な身体でしたが、何かが違っていて分からないながらにも緊張した事を思い出します。

そんな事があった後、宮内庁大膳課厨房第一係として昭和三十九年六月に職員として採用され料理番として第一歩をふみ出しました。

普段の主厨長は厨房で料理を作る事はもうほとんど有りませんでしたが、必ず出勤すると各厨房をひと廻りされ声を掛けておりました。

料理作りに対する姿勢は大変きびしく、いつも最終チェックは欠かさずしておりました。又、若い調理師達も昼御飯を作り、主厨長に食べて頂き評価を頂いておりました。私は和食係でしたのでそれ程数多く食べて頂く事は出来なかったのですが、今でもあの時の情景が思い出されます。

私が宮内庁に入った時に主厨長はすでに七〇歳を越えておりましたので、わずか八年余りしか一緒に仕事をする事は出来なかったのですが、そんな中いくつかの出来事がありその折に主厨長の大きさを物語る事がありました。

ある日の事、私は出汁を取るべく鰹節を削っていたのですが、余り良い状態の鰹節でないために粉になってしまいました。それでも懸命に削っておりましたが、近くに居た和食の親方が「カンナが切れないから粉になるんだ。カンナを研ぎなさい」と、大声で言いました。しかし私は「カンナは研いだばかりです。これは鰹節が良くないので音も悪いし粉になるのです」。そう答えた所、「何で言う事が聞けないのか。生意気な奴だ」。親方はカンカンになって怒りましたが、私も負けじと「カンナではありません。鰹節です」。大ゲンカになってしまいました。

親方は主厨長の部屋へ行き、「谷部は生意気だ、主厨長から何とか言って下さい」。そしてすぐに主厨長に呼ばれ「何で親方の言う事が聞けないのか、事情を説明しなさい」。私はさき程の事を話しました。すると主厨長は黙って私の話を聞いて下さり「お前の気持は良く分かった。ここは私の立場もあるからお前があやまって許してもらいなさい」。そういう言葉がありその場で親方にあやまり一件落着しましたが、「お前も若いな。一生懸命頑張りなさい」。こうなぐさめられました。後で聞いた話ですが主厨長も若い頃は相当気の強い方だったそうです。

谷部金次郎氏。1967（昭和42）年頃、葉山の御用邸厨房にて。

若くしてヨーロッパに渡り料理の修業を積んだ方ですから、それ位の気の強さがないとやって行けなかったのだと思います。もちろん私の様な者の気の強さとは格が違いますけど。

いつも料理に対して真剣に取り組む様に指導されておりましたので、残った物で料理作りに生かす様、ある日芋を煮ておりました所、ぐうぜん主厨長が通りがかり「何を煮ているんだ」。「箱根芋の残りを煮て勉強しております」。こう答えました。すると一口それを食べて「うん。いい味だ」「これでいい」そう言うとすぐに私の親方を呼んで「芋は谷部にやらせて見なさい」と言う事になり、それからしばらくは私の担当になったのでした。実はこの箱根芋は八ツ頭の大きめの物ですが、箱根近辺で取れるお芋で両陛下が箱根のホテルに宿泊なさった時に出された物で、大きな固まりのまま薄味で焚くらしく、ふっくらと煮えると大変おいしいお芋なのです。陛下はその時大変お喜びになったらしく、毎年秋になるとそのお芋が皇居へ献上になり、大膳で調理をしてお出ししてたのですが、なかなかその時の状態にならず、陛下も「ちょっと味が違う」とおっしゃったそうで皆で研究していた所だったのです。たまたま私が煮たのがうまくいった様で、以後しばらくお芋を煮てお出ししておりました。主厨長は、たとえ若くてもきちっとした仕事をすれば信頼をして下さり仕事をまかせてくれる、非常に懐の深さを感じた事を今でも思い出します。

直接仕事をした事はなかったのですが、今振り返って見ますと、すごい方の元で短い期間であったにせよ同じ職場で両陛下のお食事を作れた事は私の人生の中で大きな財産になっております。

谷部金次郎　一九四六（昭和二一）年、埼玉県本庄市生まれ。日本銀行霞町分館で修業後、六四（昭和三九）年、宮内庁管理部大膳課に奉職、天皇の料理番を勤める。昭和天皇崩御を機に退官。以後、テレビ、雑誌等で活躍、現在、料理教室を主宰する。くらしき作陽大学非常勤講師、大阪青山大学短期大学特別講師。著書に『昭和天皇と鰻茶漬』『ひと手間かけた心づくしの料理でおもてなし』『昭和天皇の料理番』など。

秋山徳蔵　写真図鑑

武生の暴れん坊として有名だった徳蔵。奉公先で法被を纏った艶姿。

1888（明治21）年、福井県武生町（現武生市）の地主高森家に５男３女の次男として生まれる。

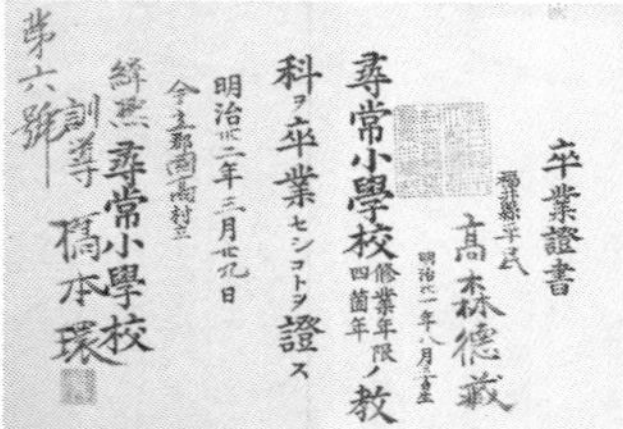
卒業證書
高森德藏
尋常小學校修業年限四箇年ノ教科ヲ卒業セシコトヲ證ス
明治卅二年三月廿九日
尋常小學校
訓導　橋本環
第六號

上
昭和天皇が訪れた鯖江の歩兵第三六連隊。実家が将校集会所の賄いをやっており、少年期の徳蔵はここの炊事場で西洋料理の魅惑に取り憑かれた。（21ページ参照）

下
尋常小学校の卒業証書。1899（明治32）年。

上左
1913（大正２）年、秋山俊子と結婚。秋山家に入籍する。

上右
1909（明治42）年、シベリア鉄道でヨーロッパ包丁修業に出発。ベルリン到着（37ページ）を知らせた絵葉書。

右
1912（明治45）年、マルセイユから帰国の途につくことを知らせる。（54ページ）

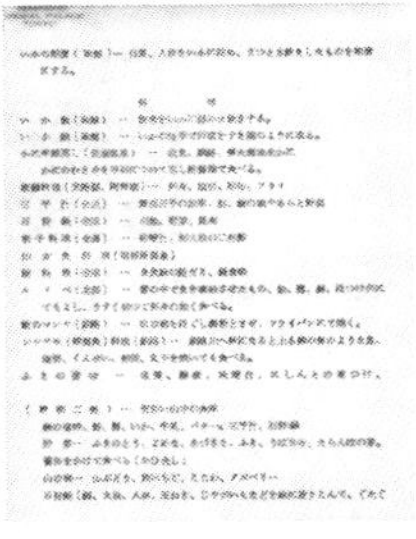

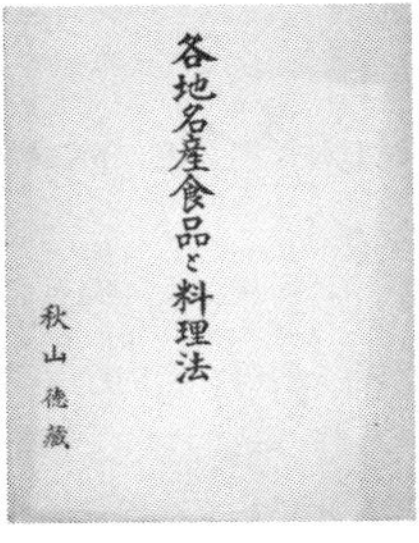

徳蔵が地方巡幸のために作成した「各地名産食品と料理法」。県別に食材・特産品が記され、料理の仕方を記録していた。（104ページ参照）

上左
大礼服姿の徳蔵。44歳の頃。各国王室から多く叙勲を受けた。

上右
1913（大正２）年、25歳にして天皇の料理番（厨司長、後に主厨長）となる。

下右
宮中の厨房にて。84歳を迎えた徳蔵は1972（昭和47）年、高齢を理由に辞職願いを提出、宮内庁御用掛となる。

下左
御料鴨場にて。戦後は食卓外交に貢献した。

解説　「非凡の天才　秋山徳蔵」

小泉武夫

何事にも、大成する人というのは幼い時代にすでにその行動の素早さやリズム感、性格、好みといったものが備わっているようだ。福井県武生の料理屋の二男坊に生まれた秋山徳蔵（一八八八～一九七四）は、子供の時から何事にも興味を抱き、十歳のときにはすでに寺の小坊主に憧れて、山奥の古寺で座禅を組んだり、お経を習ったり托鉢に行ったりした。ところが今度は、生来のいたずら坊主に戻って、寺の賽銭を持ち出して町に菓子を買いに走る。さらにいたずらはどんどん増長し、ついには寺を追放されると、高等小学一年（今の小学校四年）のときには、米相場に興味を抱いて大阪で米屋をやろうと家出し、直ぐに捕まるなど、とにかくその行動たるや風の如き素早さであった。きっとそれらの行動が身について希世の料理人となるべく勘やリズムなどが備えられたのであろう。上にかく秋山徳蔵はその後大成し、半世紀にわたって昭和天皇の台所をあずかり、日常の食事は勿論、無数の宮中饗宴料理を司り、幾度の御外遊にも随行して、公式晩餐を支えるなど、「天皇の料理番」となった人である。料理人に不可欠の、鋭く磨き上げられた感性は、その後の生き方を通して自分を偽らない自然体での行動や的確な判断と冷静な行動などがつくり上げたのである。

その彼が、料理人として出発した原点は何か。それは正に食べものに対する貪欲なほどの好奇心で始まっている。高等小学校高学年の時、実家の料理屋が鯖江の三十六連隊将校への料理を賄っていて、陸軍記念日のある時、一人の西洋料理専門の兵隊が派遣されて来た。徳蔵の将来の人生を決めた運命の人との出合いである。その料理兵から毎日のように西洋料理の話を聞き、熱中しては心酔し、ますます料理の世界に引き込まれていく。そして兵士の言った次の言葉が料理人としての秋山徳蔵の最初の小さな一歩である。「鉄の平たい鍋の中でジューッと音を立てるステーキ、牛乳で作る白いソースや、トマトという〝果物〟で作る赤いソース、緑色に透きとおったゼリーというお菓子——すべてが、夢の世界であった。素晴らしい匂いと、きれいな色のまぼろしが、私のまわりをフワリフワリと雲のように取り巻くのであった」と。感受性の強い秋山は「私の一生歩いてきた道は、これによって決まったのであった」と述べている。純粋で、行動派で、努力家で、そして豊かな感性。料理人として具備すべき幾つかのものをすでに備えていた秋山は、以後、華族会館料理部や築地の精養軒で修業し、料理の緻密と繊細さを養い、五感（目、口、鼻、耳、手）をとぎすます訓練をし、味覚中枢の舌を進化させ、芸術性すらも会得しながら成長していく。とりわけ秋山がその後、料理人としての大成したもののひとつとなったのが「感性」としての芸術性で、本書で回顧的に語っている言葉が正にそれを物語っている。

「料理の味というものは、万代不易こうなくてはならぬというものではない。これも一つの芸術であるから、その時の材料で、その時に最もうまいと考えるものをつくればよいのである。

同じ畑からとれた大根でも、一本一本味は違うものである。日の当り加減、土質の相違、育ち加減、抜いてからの時間など、いろいろな原因で微妙な違いが出てくるのである。その一本一本の特質を見極めて、それにふさわしい煮方をし、味つけをするのが、料理の極致である。

つまるところ、美味しければよいのだ。だから、新しい時代というものが熟してくると、そこに新しい味覚の標準ができてくるはずである。

絵にしても、ミケランジェロに最上の美を感じた時代もあれば、セザンヌが風靡した時代もある。マチス、ピカソの時代もある。いいものはいつまでも残るが、味わい方の標準はずいぶんと変ってくる。それでいいのであって、昔のことをとやかくいっても始まるものではない。」

すなわち、天皇陛下の料理人となるには、一般的料理人に比して特別の資質も兼ね備えることが必要である。秋山がこの芸術性をいち早く身に付けたのは弱冠二十一歳の時に渡欧し、フランスで料理を修業した時のことであろう。とにかく彼の国は、粋を尽くした料理を基本として、芸術性あふれる料理を創造する美食大国なのである。

二十五歳で帰国すると、宮内省大膳寮に就職し、直ちに大膳職主厨長を命じられている。これも当然のことで、宮内省が理想として待っていた、料理人こそ秋山徳蔵だったからである。それを証すかのように、すでに二十六歳にして大正天皇の御大礼（大正四年十一月十七日、京都二条離宮）の厨房を主宰し、見事にその大役を果している。延べ二千人もが集う賜宴で、その日秋山が献立したのはスッポンのコンソメ、ザリガニのポタージュ、鱒の酒蒸し、鶏の袋蒸し、牛ヒレ肉の焼肉、ウズラの冷い料理、七面鳥のあぶり焼きとサラダ、セロリの煮込み、オレンジと酒のシャーベット、アイスクリーム、果実や菓子のデザート、コーヒー。酒はシェリー酒（アモンチアード）、一九〇〇年醸シャトー・イケーム白ぶどう酒、一八七七年醸シャトー・マルゴー赤ぶどう酒、一八九九年醸クロードヴージョー赤ぶどう酒、ポムリーエグルノのシャンパンであった。

この二千人分の献立をみる限り、相当の腕前の料理人が指揮しない限り不可能で、これから推察しても秋山徳蔵という人物の力量は推《お》して知るべしである。なお、この頃知り合った大膳頭の福羽逸人子爵（蔬菜学や果樹学の第一人者で農学博士）との感動的出合いは、秋山徳蔵の人間性を如実に物語る場面として感動的に述べられている。

こうして大正天皇即位の御大礼の賜宴を指揮した秋山は、次に昭和天皇御即位の御大礼でも祝宴を総指揮している。そして以後は、昭和天皇の料理番の責任者として、またおびただしい数の宮中のさまざまな宴の料理を取り仕切った。それらの料理については、本書に味わい深く記されているが、中でも「天皇のお食事」という章では、戦争中あるいは終戦後の苦しい世相を反映して、陛下の召上る料理の内容を詳しく教えてくれている。そこには、戦争当時陛下は七分搗きの米に丸麦を混ぜた麦御飯を一日一食だけ摂り、あとは時々パンを召上ったという。また戦後の食糧難時代は、麦御飯一回であとの二回はうどん、そば、そばがき、すいとん、代用パン、さつまいも、馬鈴薯などの中から選んだということである。何ら一般人と変らない食事をされていたというから驚きである。本章を通じて、食という側面からも昭和天皇の人柄や人間性の本質がうかがい知れるのである。

またこの章の中には、天皇の好きな食べもの嫌いな食べものについても触れているが、基本的には好き嫌いは無かったようで、強いて言えば魚類が好きだったようである。興味深いのはその話の中で、いわゆるタイやヒラメのような高級上魚だけでなく、むしろイワシやサンマがお好きで、とりわけサンマが大好きだったという。天皇も庶民の好みの味を知っておられた事で、ほほ笑ましいことである。

本書（初版）が世に出る前は、「天皇陛下は黄金《きん》のお箸で召上る」とか、「お米は一粒ずつ選ったものを召上っている」とか、「お毒見役がいて、その人が試食してからしばらくして食べるのでいつも冷えた食事をしている」などといった、真実《まこと》しやかな話が流れていたものだが、実はそのようなことは無く、とても質素な食事であったことを、本書が初めて教えてくれた。このことは、多くの国民が知りたかった宮中での天皇の実生活を知る上で貴重な記述であり、懐の大きい料理人でもあった秋山徳蔵の功績といえる。

本書の中で、特に筆者（小泉武夫、食文化論者）の興味を引いたのは「饗宴にうつる歴史の影」という章である。中でも宮廷主催の大祝宴の様子には驚かされた。それは昭和八年、皇太子（現天皇陛下）御誕生の時、豊明殿で開かれた祝宴で、三月間にわたって招かれた人は何と七千人。とても今では考えられない盛大な宴会で、これも秋山が総指揮している。ところが、驚くべきことに紀元二千六百年式典（西暦一九四〇年）での饗宴では、最大五万人分の料理が時の内閣から頼まれたという。あまりにもぼう大な料理で万一腐敗でもしたら大変だというので、秋山が相談に行った相手が当時糧秣廠《りょうまつしょう》（軍隊の兵と馬の食糧を司るところ）におられた農学博士の川島四郎であった。栄養学者の川島は兵隊料理、野戦料理、携帯食糧研究家の第一人者であったが、その時の料理には、戦地の兵隊が食べていたものと同じ料理にしたという。また材料も、川島に提供してもらって、南方から取り寄せたタロイモや日本製の乾燥味噌、乾燥野菜などであったというから驚きである。本書から、このような貴重なことが解ったのも意義深い。

また、この章の中に「食べものの御所言葉」という箇所があるが、これはとても貴重な用語集である。宮中にだけ存在する独特の食言葉を集録したもので、うちまき＝米、ごぜん＝飯（お上の御料）おばん＝飯（女官の料）おかちん＝餅、あまおっこん＝甘酒、おすもじ＝鮨《すし》、たもじ＝たこ（蛸）、あかおまな＝さけ（鮭）、こもじ＝こい（鯉）など百三十語近い例が示されている。中には我々が普段使っている呼び方が実は宮中詞《ことば》であったりして、例えば鰹節《かつおぶし》を「おかか」、水は「おひや」、漬物は「おこうこ」などである。これは室町初期ごろ、宮中奉仕の女官が隠語的に使った言葉である「女房詞《にょぼうことば》」がそのまま残ったもので、それが今の宮中に伝わっていることは誠に興味深い。また面白いものに納豆は「いと」、餡《あん》ころ餅は「おべたべた」、はも（鱧）は「ながいおまな」なども紹介されている。

ところでこの本の最後の方に「日本の美味」、「人生は料理なり」という章がある。この二章は、いずれも秋山徳蔵が長い間天皇の料理番として活躍し、また我が国の西洋料理の発展に寄与した間に経験した精神性や技量性を文章にまとめたもので、いわば秋山語録あるいは体験録というべきものである。「日本の牛肉は芸術作品に通じる」と言った名言のほかに、「料理の修業は鼻の修業である」と言ったものもある。これは、民族によって食べものの匂いに対する感覚は独自のものであるとし、これを発酵食品を例に述べている。その上で、食べものは匂いが最も大切なものであるから鼻の修業をしなさい、風邪を引くと鼻は効かなくなるから、料理人は風邪を引かないように注意しなさい、といった注意を喚起しているのは、後続の料理人に対する愛情のメッセージとも読めるのである。

さて、本書で驚いたことは巻末「附」というところにある「完全な食卓作法《テーブル・マナー》」である。その詳細な記述は驚嘆すべきもので、筆者はテーブル・マナーに関する概要でこれほど詳しく、丁寧で、わかりやすく、実用的な解説をこれまで見たことがない。先ず「食前」マナーが35箇条にわたって記述され、次に「食卓に於ける一般のマナー」がこれまた26箇条、「食卓に於ける身体のこなし方」が15箇条といったように224箇条ものテーブル・マナーを教えてくれている。これはおそらく、この本を書き終えた時点でも、日本人の多くが西洋料理の正しいマナーに欠如していたためではないかと思われる。食生活が西欧化した今日でさえ、街に行くとマナー不足の日本人も少なくないので、本書からしっかりと正しいテーブル・マナーを習得して欲しいものである。これからは東京オリンピックやさまざまな国際イベントが続き、日本はどんどんと国際化社会への波に揉まれて行くのであるから、そのためにも大切なのである。

秋山徳蔵とほぼ同じ時代に生まれ、活躍した料理人に希代の食聖といわれた北大路魯山人がいる。年齢は魯山人が五歳上であるが、この二人の共通しているところは料理を芸術と見なしているところにある。実は『魯山人味道』（中公文庫）に、魯山人がフグ（河豚）の美味しさを芸術作品にたとえている次のような箇所があり、筆者はこの文章がとても大好きである。

「（フグの味を芸術作品にたとえることは）無理かも知れぬが、試みに画家に例えるならば、栖鳳や大観の美味しさではない。靫彦、古径でもない。芳崖、雅邦でもない。崋山、竹田、木米でもない。呉春あるいは応挙か。ノー。しからば大雅か蕪村か玉堂か。まだまだ。では光琳か宗達か。なかなか。では元信ではどうだ、又兵衛ではどうだ。まだまだ。光悦か三阿弥か、それとも雪舟か。もっともっと。因陀羅か梁楷か。大分近づいたが、さらにさらに進むべきだ。然らば白鳳か天平か推古か。それぞれ、すなわち推古だ。推古仏。法隆寺の壁画。それでよい。ふぐの味を絵画彫刻で言うならば、まさにその辺だ。

しかし、絵をにわかに解することは、ちょっと容易ではないが、ふぐのほうはたべものだけに、また、わずかな金で得られるだけに、三、四度もつづけて食うと、ようやく親しみを覚えてくる。そして後を引いてくる。ふぐを食わずにはいられなくなる。」

とにかくこの時代、俎板に心と技を全力で込めた二人の食聖に共通していることは「料理も芸術創作のひとつであること」、「料理は道理を料するものであること」だろう。本書と共に『魯山人味道』を併せ読むことは、その辺りの精神性が実によく理解できるのでお勧めしたい。

さて、本書に序文を書かれた吉川英治の文章は、この本を至高の一冊とするにふさわしい名文である。秋山徳蔵は、本文の中でも親しく付き合っていた吉川英治のことについて触れているが、そのような間柄ゆえに、さすがに味のある文調で秋山を賞《め》でているのである。本物の人間同士の付き合いは、かくも妙味を醸し出せるものなのだ。

（こいずみ　たけお／東京農業大学名誉教授）

1949（昭和24）年頃、立食の宴にて。すしをつまむ昭和天皇と収まる貴重な写真。徳蔵は、生涯この写真を大事に保管していた。

刊記

一、本書は一九五五年三月に東西文明社から刊行された『味』を文庫化した。

一、文庫収録にあたり旧字体、旧仮名づかいは新字体・現代仮名づかいで統一した（序文を除く）。明らかな誤字・脱字については訂正した。

一、今日の人権意識に照らし合わせて、差別的な表現と思われる言葉が使用されているが、本作品の書かれた時代背景や著者が故人であることを考慮し、発表時のままとした。

中公文庫

味《あじ》

——天皇《てんのう》の料理番《りょうりばん》が語《かた》る昭和《しょうわ》

2005年9月25日　初版発行
2015年1月25日　改版発行
2015年10月15日　改版3刷発行

著　者　秋山《あきやま》 徳蔵《とくぞう》

発行者　大橋 善光

発行所　中央公論新社
〒100-8152　東京都千代田区大手町1-7-1
電話　販売 03-5299-1730　編集 03-5299-1890
URL http://www.chuko.co.jp/

DTP　平面惑星
印　刷　三晃印刷
製　本　小泉製本

Published by CHUOKORON-SHINSHA, INC.
Printed in Japan　ISBN978-4-12-206066-1 C1195

中公文庫既刊より

各書目の下段の数字はＩＳＢＮコードです。978－4－12が省略してあります。

あ-66-1
舌　天皇の料理番が語る奇食珍味
秋山徳蔵
半世紀以上を天皇の料理番として活躍した著者が「舌は味覚の器であり愛情の触覚」と悟った極意をもって秘食強精からイカモノ談義までを大いに語る。
205101-0

あ-66-3
味の散歩
秋山徳蔵
昭和天皇の料理番を務めた秋山徳蔵が〝食〟にまつわるあれこれを自ら綴る随筆集。「あまから抄」「宮中の正月料理」他を収録。〈解説〉森枝卓士
206142-2

あ-66-4
料理のコツ
秋山徳蔵
天皇の料理番が家庭の料理人に向けて、材料の選び方や工夫などを解りやすく指南する。ちょっとした薀蓄で、知識が広がる読むだけで楽しい一冊。〈解説〉福田　浩
206171-2

あ-67-1
おばあちゃんの台所修業
阿部なを
自然の恵みの中で生きることを大切に——。料理の基本から、おかみとしての人生まで。明治生まれの料理家が語る、素朴に食べること、生きること。〈解説〉岸　朝子
205321-2

い-110-2
なにたべた？　伊藤比呂美＋枝元なほみ往復書簡
伊藤比呂美
枝元なほみ
詩人は二つの家庭を抱え、料理研究家は二人の男の間で揺れながら、どこへ行っても料理をつくっていた。二十年来の親友が交わす、おいしい往復書簡。
205431-8

い-116-1
食べごしらえ　おままごと
石牟礼道子
父がつくったぶえんずし、獅子舞にさしだした鯛の身。土地に根ざした食と四季について、記憶を自在に行き来しながら多彩なことばでつづる。〈解説〉池澤夏樹
205699-2

う-1-3
味な旅　舌の旅
宇能鴻一郎
北は小樽の浜鍋に始まり、水戸で烈女と酒を汲みかわし、海幸・山幸の百味を得て薩摩半島から奄美の八月踊りにいたる日本縦断味覚風物詩。
205391-5

う-9-4
御馳走帖
内田百閒
朝はミルク、昼はもり蕎麦、夜は山海の珍味に舌鼓をうつ百閒先生の、窮乏時代から知友との会食まで食味の楽しみを綴った名随筆。〈解説〉平山三郎
202693-3

え-20-1
懐石料理とお茶の話（上）八代目八百善主人と語る
江守奈比古
老舗料理屋八百善の八代目主人と茶道研究家。生粋の江戸っ子で、通人の二人が語りゆく。魚河岸や吉原の風景、懐石料理、茶道、古筆、琳派。驚くべき博識。
205923-8

え-20-2
懐石料理とお茶の話（下）八代目八百善主人と語る
江守奈比古
茶道具商をゲストに迎えて、話はいよいよ佳境へ。名碗をめぐる骨董商たちの息づまるかけ引き、関東大震災、魯山人、昭和の粋人たち。東京文化巷話の傑作。
205924-5

き-7-2
魯山人陶説
北大路魯山人
平野雅章 編
「食器は料理のきもの」と唱えた北大路魯山人。自らの豊富な作陶体験と鋭い鑑賞眼を拠り所に、古今の陶芸家と名器を俎上にのせ、焼物の魅力を語る。
201906-5

き-7-3
魯山人味道
北大路魯山人
平野雅章 編
書・印・やきものにわたる多芸多才の芸術家・魯山人が終生変らず追い求めたものは〝美食〟であった。折りに触れ、書き、語り遺した美味求真の本。
202346-8

き-7-4
魯山人書論
北大路魯山人
平野雅章 編
魯山人の多彩な芸術活動の根幹をなすものは〝書〟であり、彼の天分はまず書画と篆刻において開花した。独立不羈の個性が縦横に展開する書道芸術論。
202688-9

き-7-5
春夏秋冬 料理王国
北大路魯山人
美味道楽七十年の体験から料理する心、味覚論語、食通閑談、世界食べ歩きなど魯山人が自ら料理哲学を語り、手掛けた唯一の作品。〈解説〉黒岩比佐子
205270-3

き-30-11
いのちの養生ごはん 暮らしと食べ物 エッセイ＆レシピ
岸本葉子
がんを経験した人気エッセイストが提案する体にも心にもやさしい料理。目からウロコのアイディアが満載。シンプルで心地よいご飯エッセイ＋レシピ集。
205806-4

各書目の下段の数字はＩＳＢＮコードです。978－4－12が省略してあります。

く-18-1
小堀遠州茶友録
熊倉 功夫
華やかな寛永文化を背景に将軍、大名、公家、僧侶、町衆など各界50人との茶の湯を通した交流を描く。稀代のマルチアーティストの実像に迫る好著。
204953-6

こ-30-1
奇食珍食
小泉 武夫
蚊の目玉のスープ、カミキリムシの幼虫、ヒルのソーセージ、昆虫も爬虫類・両生類も紙も灰も食べつくす、世界各地の珍奇でしかも理にかなった食の生態。
202088-7

こ-30-3
酒肴奇譚《しゅこうきたん》 語部醸児之酒肴譚《かたりべじょうじのしゅこうたん》
小泉 武夫
酒の申し子「諸白醸児」を名乗る醸造学の第一人者で、東京農大の痛快教授が〝語部〟となって繰りひろげる酒にまつわる正真正銘の、とっておき珍談奇談。
202968-2

し-15-15
味覚極楽
子母澤 寛
〝味に値無し〟――明治・大正のよき時代を生きた粋人たちが、さりげなく味覚に託して語る人生の深奥を聞書き名人でもあった著者が綴る。〈解説〉尾崎秀樹
204462-3

た-33-9
食客旅行
玉村 豊男
香港の妖しい衛生鍋、激辛トムヤムクンの至福、干しダコとエーゲ海の黄昏など、旅の楽しみイコール食の愉しみだと喝破する著者の世界食べ歩き紀行。
202689-6

た-33-11
パリのカフェをつくった人々
玉村 豊男
芸術の都パリに欠かせない役割をはたし、フランス文化の一面を象徴するカフェ、ブラッスリー。その発生を克明に取材した軽食文化のルーツ。カラー版
202916-3

た-33-15
男子厨房学入門《メンズ・クッキング》
玉村 豊男
「料理は愛情ではない、技術である」「食べることの経験はつくることに役立たないが、つくることの経験は食べることに役立つ」超初心者向け料理入門書。
203521-8

た-33-16
晴耕雨読ときどきワイン
玉村 豊男
著者の軽井沢移住後数年から、ヴィラデスト農園に至る軽井沢、御代田時代（一九八八～九三年）を綴る。題名のライフスタイルが理想と言うが……。
203560-7

番号	タイトル	サブタイトル	著者	内容	ISBN
た-33-19	パンとワインとおしゃべりと		玉村豊男	大のパン好きの著者がフランス留学時代や旅先で出会ったさまざまなパンやワインと、それにまつわる愉快なエピソードをちりばめたおいしいエッセイ集。	203978-0
た-33-20	健全なる美食		玉村豊男	二十数年にわたり、料理を自ら作り続けている著者が、客へのもてなし料理の中から自慢のレシピを紹介。食文化のエッセンスのつまったグルメな一冊。カラー版	204123-3
た-33-21	パリ・旅の雑学ノート カフェ／舗道／メトロ		玉村豊男	在仏体験と多彩なエピソードを織り交ぜ、パリの尽きない魅力を紹介する。'60〜'80年代のパリが蘇る、ウィットとユーモアに富んだ著者デビュー作。	205144-7
た-33-22	料理の四面体		玉村豊男	英国式ローストビーフとアジの干物の共通点は？　タコ酢もサラダである？　火・水・空気、油の四要素から、全ての料理の基本を語り尽くした名著。〈解説〉日高良実	205283-3
た-34-4	漂蕩の自由		檀一雄	韓国から台湾へ。リスボンからパリへ。マラケシュで迷路をさまよい、ニューヨークの木賃宿で安酒を流し込む。「老ヒッピー」こと檀一雄による檀流放浪記。	204249-0
た-34-5	檀流クッキング		檀一雄	この地上で、私は買い出しほど好きな仕事はない——という著者は、人も知る文壇随一の名コック。世界中の材料を豪快に生かした傑作92種を紹介する。	204094-6
た-34-6	美味放浪記		檀一雄	著者は美味を求めて放浪し、その土地の人々の知恵と努力を食べる。私達の食生活がいかにひ弱でマンネリ化しているかを痛感せずにはおかぬ剛毅な書。	204356-5
た-34-7	わが百味真髄		檀一雄	四季三六五日、美味を求めて旅し、実践的料理学に生きた著者が、東西の味くらべはもちろん、その作法と奥義をも公開する味覚百態。〈解説〉檀　太郎	204644-3

各書目の下段の数字はISBNコードです。978－4－12が省略してあります。

つ-2-9
辻留 ご馳走ばなし
辻 嘉一
茶懐石の老舗の主人というだけでなく家庭料理の普及につとめてきた料理人が、素材、慣習を中心に、六十余年にわたる体験を通して綴る食味エッセイ。
203561-4

つ-2-11
辻留・料理のコツ
辻 嘉一
材料の選び方、火加減、手加減、味加減――「辻留」の二代目主人が、料理のコツのコツをやさしく手ほどきする。家庭における日本料理の手引案内書。
205222-2

つ-2-12
味覚三昧
辻 嘉一
懐石料理一筋。名代の包宰、故、辻嘉一が、日本中に足を運び、古今の文献を渉猟して美味真味を探究。二百余に及ぶ日本食文化と味を談じた必読の書。
204029-8

つ-2-13
料理心得帳
辻 嘉一
茶懐石「辻留」主人の食説法。ひらめきと勘、盛りつけのセンス、よい食器とは、昔の味と今の味、季節季節の献立と心得を盛り込んだ、百六題の料理嘉言帳。
204493-7

つ-2-14
料理のお手本
辻 嘉一
ダシのとりかた、揚げ物のカンどころ、納豆に豆腐にお茶漬、あらゆる料理のコツと盛り付け、四季のいろどりも豊かな、家庭の料理人へのおくりもの。
204741-9

つ-26-1
フランス料理の学び方 特質と歴史
辻 静雄
フランス料理の普及と人材の育成に全身全霊を傾けた著者が、フランス料理はどういうものなのかについてわかりやすく解説した、幻の論考を初文庫化。
205167-6

さ-61-1
わたしの献立日記
沢村 貞子
女優業がどんなに忙しいときも台所に立ちつづけた著者が、日々の食卓の参考にとつけはじめた献立日記。工夫と知恵、こだわりにあふれた料理用虎の巻。〈解説〉平松洋子
205690-9

よ-5-8
汽車旅の酒
吉田 健一
旅をこよなく愛する文士が美酒と美食を求めて、金沢へ、そして各地へ。ユーモアに満ち、ダンディズムが光る汽車旅エッセイ集を初集成。〈解説〉長谷川郁夫
206080-7